Ulrich Büttner und Egon Schwär

Neue Sagen
der Stadt Konstanz
und Umgebung

Gewidmet

Den interessierten Bürgern und Gästen der Stadt Konstanz

und unseren Freunden vom Montagstreff.

Ulrich Büttner und Egon Schwär

Neue Sagen der Stadt Konstanz
und Umgebung

Freiburger Echo Verlag
Wendelin Duda, Dorfplatz 11, 79252 Stegen

Titelbild:
Historisches Postkartenmotiv, um 1908

Bild auf der Rückseite des Buchumschlags:
Die Autoren im Nachtwächtergewand
(Foto: Silke Schwär, Oktober 2011)

1. Auflage November 2011
2. Auflage Dezember 2011
3. Auflage Dezember 2011

© 2011 Freiburger Echo Verlag
Wendelin Duda
Dorfplatz 11 – D-79252 Stegen (bei Freiburg)
Tel. 07661 / 989 044, Fax ...45
Printed in Gemany
ISBN 978-3-86028-247-2

Vorwort

Als „Nachtwächter von Konstanz" kennen wir uns in der Geschichte und den Geschichten der Stadt natürlich bestens aus. So sind wir auf eine Fülle von Sagen, Legenden und Geschichten gestoßen, die im beliebten Sagenbuch „Die Sagen der Stadt Konstanz ..." von Wendelin Duda nicht enthalten sind. Unsere Idee, daraus ein weiteres Konstanzer Sagenbuch zusammenzustellen, stieß auf große Begeisterung.

Nun können wir endlich unsere „Neue Sagen der Stadt Konstanz" präsentieren. Neben klassischen Stadtsagen haben wir auch schier unglaubliche Berichte, humorvolle Geschichten bis hin zu modernen Legenden „ausgegraben", die im Zusammenhang mit der Bodenseemetropole stehen. Die Originaltexte wurden von uns überarbeitet und neue mündlich überlieferte Sagen aufgezeichnet.

Sagen schlagen eine Brücke zu historischen Ereignissen, über die die Geschichtsschreibung und die alten Dokumente kaum etwas wissen. Sie geben einen Einblick in die Gedankenwelt und die Gefühle der Menschen. Einige beruhen auf belegbaren Tatsachen, andere sind wohl frei erfunden. Der Wahrheitsgehalt ist ungewiss, jedoch sind sie Zeitzeugnisse, die fest mit der Region verbunden sind und uns Einblicke in die Lebenswelt früherer Zeiten erlauben.

Die Sage ist keine Erzählform von gestern. Auch noch in der heutigen Zeit entstehen Geschichten, bei denen Tatsachen und Fantasie verschmelzen. Daher finden Sie in diesem Buch auch Sagen aus dem 20. Jahrhundert.

Eines haben sie jedoch alle gemeinsam – sie unterhalten und regen zum Schmunzeln an.

Viel Spaß beim Lesen wünschen Ihnen

Ulrich Büttner und Egon Schwär, im Oktober 2011

Inhaltsverzeichnis

Helden und Halunken..9
Das mutige Thurgauer Mägdlein.....................................11
Wendelgard von Halten..12
Das Kloster Adelheiden..17
Drei listige Gesellen...19
Das leichte Schneiderlein von Wallhausen......................24
Der Raub der Tettinger Kirchenglocke............................26
Warum die Schwaben dem Reich vorfechten..................27
Von den sieben Schwaben..28
   Am Bodensee..29
   Die schwäbische Hasenjagd......................................30
   Das Blinde-Mäusle-Spiel um die Zeche....................32

Übernatürliches..35
Die Jungfrau Maria über der Stadt..................................37
Die Christnacht im Jahre 1790..40
Das Schneekind...41
Das verschollene Kegelspiel..44
Die Besenhexe...45
Hinrichtung eines Zauberers in Konstanz.......................47

Bodensee..49
Die versenkte Stadtmauer..51
Die Seehasen...52
Der Reiter und der Bodensee..54
Der Bodensee – ein See mit vielen Namen....................58
Die Fischerin vom Bodensee..62

Prominenz in Konstanz 65
   Der Drei-Groschen-Kanzler 67
   Der Konstanzer Hans 69
   Abraham als Ketzer 78
   Friedrichs II. sagenhafter Zug nach Konstanz 80
   Napoleons Erben auf der Reichenau 85
   Ein Playboy in Nöten 91
   Kaufleute aus Lodi verkleiden sich als Pilger 93

Moderne Legenden 95
   Die Meisterwurz 97
   Das nackte Ärschle 99
   Erleuchtete Stadt in dunkler Zeit 100
   Das Hakenkreuz an der Chérisy-Kaserne 102
   Der Hakenkreuzwald auf dem Bodanrück 104
   Ein halbes Dutzend Oberbürgermeister 106
   Wandermärchen 108
      Nachbars Kaninchen 109
      Der Elefant auf dem Autodach 110
      Die Abfahrt im Treppenhaus 112
      Der Elektrozaun 113

Quellen- und Literaturverzeichnis 115

Die Autoren

Ulrich Büttner, 1973 geboren in Konstanz, studierte Geschichte, Politik, Philosophie und Germanistik. Früh legte er seinen Forschungsschwerpunkt auf die Stadtgeschichte und organisiert zahlreiche interessante Themenstadtführungen. Seit 2010 ist er Leiter des Bildungszentrums in Konstanz.

Egon Schwär, 1971 geboren in Oberried/Schwarzwald, fand in Konstanz seine Wahlheimat. Die Leidenschaft für das regionale Brauchtum, Namens- und Ahnenforschung wird ergänzt durch seine Sammlung historischer Ansichtskarten. Er ist bereits erfolgreicher Autor zweier regionaler Sagenbücher.

Gemeinsam mit Gerhard Stehle können Sie die Autoren regelmäßig bei sagenhaften **Stadtrundgängen** als **historische Nachtwächter** erleben (siehe Seite 117).

Helden und Halunken

Das mutige Thurgauer Mägdlein, Wilhelm Roegge 1829-1908

Das mutige Thurgauer Mägdlein

(Meinrad Lienert)

Als Kaiser Maximilian mit seinem stolzen Heere zu Konstanz am schönen „schwäbischen Meere" (gemeint ist der Bodensee) lag, erließen die Eidgenossen ein Schreiben an ihn, worin sie unter anderem sagten: „Gezwungen haben wir zu den Waffen gegriffen und wollen sie gerne niederlegen, sobald Euer Majestät lieber Ihrer angeborenen Güte und Sanftmut als unseren Verleumdern Gehör gibt. Wird uns aber kein Recht gehalten, so waschen wir vor Gott und den Menschen unsere Hände rein vom vergossenen Blute des Krieges, vertrauen auf Gottes Hilfe und ziehen einen ehrenvollen Tod einem schimpflichen Frieden oder schmählicher Knechtschaft vor."

Diesen Brief brachte ein Mägdlein aus dem obstreichen Thurgau dem Kaiser nach Konstanz in die Stadt, denn so sehr hasste man sich, dass man sich gegenseitig keine Männer mehr als Boten zu schicken getraute. Im Hofe wartete das Mägdlein auf Antwort und sah mit verwunderten Augen auf das bunte Treiben des kaiserlichen Lagers.

Da fragte es auf einmal ein Kriegsmann von der Leibwache des Kaisers barsch: „Was machen die Eidgenossen im Lager?" Das Mägdlein antwortete: „Seht ihr denn nicht, dass sie auf euren Angriff warten?" Und wie jener weiter fragte, wie viele Leute sie hätten, gab es kurz zurück: „Genug, um eure Angriffe abzuwehren." Nun wurden die Kriegsleute von der Leibwache ernstlich aufgebracht und forderten ungestüm, von dem Mägdlein die Zahl der Eidgenossen zu erfahren. Doch ruhig sagte es: „Wenn's mir recht ist, so hättet ihr sie letzthin im Treffen vor dieser Stadt zählen können, hätte euch die Flucht nicht blind gemacht." - „Haben sie denn zu essen?" fragte nun einer. - „Ei", antwortete das Mägdlein, „wie sollten sie denn leben, wenn sie nicht zu essen und zu trinken hätten?" Jetzt fingen die Umstehenden zu lachen an. Einer aber war, der wollte das kecke Jüngferlein erschrecken. Er drohte ihm und sagte, das Schwert ziehend: „So, du Fratz, jetzt will ich dir den Kopf abschlagen!"

Doch das Thurgauer Kind erschrak nicht. Es blickte ihn herzhaft an und sagte: „Wahrhaftig, du bist ein rechter Held, dass du ein Mägdlein umbringen willst. Wenn du so großes Verlangen hast zu kämpfen, warum stürmst du denn nicht ins feindliche Lager? Dort wirst du gewiss einen finden, der deinem Trotz zu stehen vermag. Aber es ist leichter, ein wehrlos unschuldig Mägdlein anzufahren, als dem bewaffneten Feinde zu begegnen, der nicht mit Worten, wohl aber mit dem Schwerte seine Sachen zu führen versteht."

Das aufrechte Thurgauer Mägdlein kam denn auch mit der Antwort des Kaisers wieder unbehelligt ins Lager der Eidgenossen zurück. Der Feldherr Pirkenheimer, der dieses Gespräch aufgeschrieben hat, hörte es im kaiserlichen Hoflager zu Konstanz selber an, und er bewunderte den Verstand und den Freimut des Mägdleins.

Wendelgard von Halten

(Norbert Fromm, Michael Kuthe, Walter Rügert)

Die letzte Besitzerin des großen Rebguts Haltnau war das Edelfräulein Wendelgard von Halten als Letzte ihres Geschlechts. Sie hatte durch Güte, Wohltun und Milde ihren Titel berechtigt geführt. Trotzdem wurde sie aber gemieden, denn ihr Äußeres war das Gegenteil ihres Innern und ihrer vornehmen Herkunft. Zur allgemeinen körperlichen Missgestaltung hatte sie auch noch einen Höcker und an Stelle des Mundes einen Schweinsrüssel. Während diese Verunstaltung in jugendlichen Jahren vielleicht ein allerliebstes Schweinsrüsselchen war, veränderte es sich mit den Jahren zur ausgeprochenen Hässlichkeit, dass selbst das Gesinde vor seiner Gebieterin einen Ekel hatte. Einen Löffel konnte sie nicht benutzen, und so ließ sie sich eine silberne Schüssel fertigen, die einem Tröglein nicht unähnlich war; aus diesem schlurfte und schlunzte sie ihr Essen.

Weil sie aber ängstlich um ihr Leben war und meinte, weil man sie mied, man wolle sie vergiften, mussten immer zwei Personen ihres Gesindes mitessen. Das hielten aber weder die Weinbergknechte noch die Mägde lange aus und verließen lieber ihren Dienst. Die Furcht aber wurde in Wendelgard immer stärker. Deshalb stellte sie nun an den Rat der Stadt Meersburg das Verlangen, dass immer ein Ratsherr mit ihr esse. Dafür wollte sie sich im Spital verpfründen, wollte aber auch eine Chaise (zweisitzige Kutsche) haben, die nach ihren Begriffen zu einem angenehmen Lebensabend gehörte. Damit kam sie bei den urchigen (kernigen) Meersburger Ratsherren von anno dazumal schlecht an und sie mögen vielleicht gesagt haben: „Was? Au no mit dere esse? Mit d'r Wendelgard mit em Rüssel? Mahlzeit! Und au no Schees fahre? Ausg'rechnet d'Wendelgard! Des brucht se nit, onsereins mueß au laafe. Des gibt's nit. Ihre Rebe kann se doch nit mitnehme, wenn'se abkratzt". So oder so ähnlich wird das Ansuchen abgelehnt worden sein.

Darauf verhandelte Wendelgard mit dem Rat der Stadt Konstanz. Hier müssen wohl ihre Wünsche erfüllt worden sein, samt Chaise und zwei Dienstboten zu ihrer eigenen Verfügung, denn sie verpfründete sich im Spital mit ihrem schönen Gut als Pfründgabe. „Ihr dumme Kocke (Nichtsnutze), jetzt hennt' er den Dreck! Warum hennt' er au nit mir ihr esse wolle? Und warum hennt' er kei Schees bewilligt?" So soll der Bürgermeister von Meersburg seine Ratsherren angefahren haben, als er den Ausgang der Geschichte erfuhr. Worauf die Räte ähnliche Gegenfragen stellten und behaupteten, de Bürgermeister wäre zuerst verpflichtet gewesen, an den Mahlzeiten teilzunehmen. Es war nichts mehr zu machen, und die Lust zur Tischgenossenschaft kam zu spät.

Wendelgard muss sich als Fremde in Konstanz aber sehr wohl gefühlt haben, denn nach ihrem Tode ergab sich, dass sie der Stadt auch ihre gesamte Hinterlassenschaft vermacht hatte. Da ist es erklärlich, dass die Meersburger Bürgerschaft und vorab der Rat der Konstanzer Konkurrenz die verwunderlichsten Demütigungen nachsagte, was Wendelgard alles verlangt habe, vor allem, dass immer zwei Ratsherren mit ihr hätten essen müssen. Der Konstanzer Bürgermeister aber habe sofort gesagt, als er in Wendelgards Angelegenheit eingeweiht gewesen sei: „Machen wir, denn ewig wird sie ja wohl nit leben. Die erste Woche esse ich mit, und dann kommt einer nach dem andern von Euch dran, und zwar nach dem Alter". Und so geschah es auch. Wendelgard fiel die Frömmigkeit ihrer Tischgenossen auf, die vor jeder Mahlzeit ein stilles Gebetlein sprachen. Erfahren hat sie den Text nie, hat aber auch nie danach gefragt. Das Gebetlein lautet:

> Zum Wohl der Stadt trotz Rüssel,
> fress' ich aus dieser Schüssel.
> Die Wendelgard gleicht zwar dem Schwein,
> doch stärk' ich mich am Haltnauwein.

Wenn dann Wendelgard nach dem Essen ihre Spazierfahrt machte, ließ der „Ratsherr vom Wendelgard-Dienst", wie sein Wochentitel lautete, sich einen Liter Haltnauer Auslese wohl schmecken. Den Armen von Konstanz erwies Wendelgard viel Gutes. Gestorben aber ist sie erst viel später, als den Ratsherren erwünscht war, manchen hat sie sogar überlebt.

Die Schenkung der Haltnau an das Spital ist ein schönes Beispiel für Legendenbildung. Eine Urkunde, die sich heute im Stadtarchiv Konstanz befindet, hat diesen Vorgang dokumentiert. Danach schenkte am 6. November 1272 ein Konstanzer Bürger namens

Ulrich, genannt Sumbri, dem Heilig-Geist-Spital in Konstanz einen Weinberg in „Halthuon" mit der Bestimmung, dass das Spital nach seinem Tod seiner Witwe Adelheid jährlich 20 Eimer Wein (ca. 1'400 Liter) abliefern müsse.

Allein schon diese Menge zeigt, dass der Weinberg ziemlich groß und produktiv war, und er erwies sich tatsächlich bis heute als eine der einträglichen Stiftungen. Es war daher nur natürlich, dass – nachdem die wahren Hintergründe für diesen Besitz des Spitals im Laufe der Jahrhunderte vergessen worden waren – mancher Bürger aus dem benachbarten Meersburg voller Neid auf diesen Konstanzer „Schatz" blickte, den man zu gerne selbst gehabt hätte. Als literarische Reaktion darauf ist wohl die „Wendelgard"-Sage entstanden.

Die Meersburger können sich allerdings damit trösten, dass es nicht mangelndes Verhandlungsgeschick oder übertriebenes Schönheitsgefühl ihrer Vorfahren waren, die ihnen die Haltnau vorenthielten, sondern lediglich die geschichtliche Realität – 1272, zum Zeitpunkt der Stiftung, gab es noch kein Meersburger Heilig-Geist-Spital, so dass Ulrich gar keine andere Wahl hatte.

Erstmals erzählt wird diese Sage im Jahre 1861 von Franz Xaver Staiger in seiner Publikation „Meersburg am Bodensee". Einem größeren Publikum bekannt wurden sie aber erst, als der Konstanzer Stadtrat regelmäßig alljährlich im Herbst die Haltnau besuchte. So dauerte es bis zum Jahre 1921, in dem die „Konstanzer Zeitung" die „Wendelgard"-Sage wieder aufgriff.

Meersburg, Friedrich Pecht 1814-1903

Wann genau die mündliche Tradition begonnen hat, ist nicht bekannt. Auch die Autoren, die die Sage erzählen, verweisen lediglich darauf, dass sie schon seit vielen Generationen weitergegeben wird. Aus den vielen bis heute veröffentlichten Fassungen kristallisieren sich zwei Versionen heraus.

In der einen ist das treibende Motiv für Wendelgard, einen Ratsherrn an ihrer Tafel zu haben, die große Angst, vergiftet zu werden. In der anderen überwiegt die Vereinsamung und Missachtung durch ihre Mitmenschen.

Möglicherweise ist die erste Version die ältere, da gerade das 17. und 18. Jahrhundert durch eine fast hysterische Angst vor Vergiftung geprägt waren. Besonders der Adel hegte ständig Befürchtungen, durch vergiftete Mahlzeiten ermordet zu werden. So erfreuten sich damals Vorkoster und vermeintlich unfehlbar Gift anzeigende „Krötensteine" einer außerordentlichen Beliebtheit.

Das Kloster Adelheiden
(Helmut Gloger)

Einstmals war Adelheiden eine Hofstadt, die einem Domherren Eberhard vom Domstift Konstanz gehörte. Sie lag im Dettinger Wald zwischen den heutigen Stadtteilen Wallhausen und Dettingen. Um 1370 hat es sich zugetragen, dass die Jungfrau Adelheid Böllerin, eine gebürtige Reichenauerin, die in Wollmatingen zu Diensten war, zu dieser Hofstatt ging. Unweit davon wurde sie von einem ledigen Kerl von Wollmatingen vergewaltigt und wegen ihres Widerstandes mit drei Messerstichen vermeintlich getötet. Am anderen Tag wollte der Kerl vermutlich die Leiche verscharren und fand das schwer verwundete Mädchen in einer holen Eiche. Mit einer Haue (Hacke), die er bei sich hatte, erschlug er Adelheid. Dann floh er in die Schweiz, wurde aber wegen begangener Diebstähle in Wihl verhaftet, und, so heißt es in der Chronik weiter, „nach in seiner ausgestandenen Torturen diese verübten Mordthate Eingestandene Bekanntnuß alldorten von dem Leben zum Tod verurteilet".

Nach Bekanntwerden dieser Mordtat begann sofort ein Pilgerstrom zu der hohlen Eiche, wo sehr bald vier Laienbrüder (Einsiedler) ihr Domizil aufschlugen. Bereits 1374 wurde die erste Kirche gebaut, die Laienbrüder wurden in das Kloster Reichenau berufen und zwei Betschwestern aus der Reichenau sind an deren Stelle getreten. Ziemlich rasch muss sich die Anzahl der Betschwestern vermehrt haben, denn bald schon durften sie sich einen Orden nach ihrem Belieben erwählen. Obwohl sie sich zuerst dem Franziskanerorden zuwandten, wurde Adelheiden um das Jahr 1404 ein Kloster nach dem Orden des heiligen Augustinus. In den folgenden Jahrhunderten, insbesondere aber während des Dreißigjährigen Krieges scheint dieses kleine Kloster nicht nur für die Wollmatinger, sondern auch für die Dettinger Einwohner immer wieder

Zufluchtstätte gewesen zu sein.

Besonders um die Pflege der Alten und Kranken hat sich das Kloster einen Namen gemacht, wodurch auch immer wieder Schenkungen an das Kloster gemacht wurden oder es sogar als Erbe eingesetzt wurde. Neben der Verehrung der „guten Adelheid" wurden besonders von Wollmatingen aus alljährliche Wallfahrten angesetzt, zum Beispiel „um Abwendung des Brandes von Reben zu erbitten", was auf ein schriftliches Gelöbnis aus dem Jahre 1718 zurückzuführen ist.

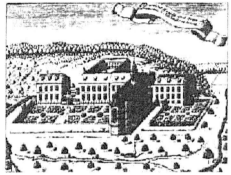

Historischer Stich, Kloster Adelheiden

Auch dieses Kloster wurde am 23. Oktober 1803 vom Deutschritterorden in provisorischen Besitz genommen, bis es schließlich im Jahre 1809 zusammen mit dem Kloster St. Katharina aufgehoben wurde. Damals lebten im Kloster neben der Priorin Maria Josepha Schneider zwölf Nonnen und eine Novizin, die künftig ihren Lebensunterhalt durch Krankenpflege, Handarbeiten usw. selbst bestreiten mussten. Das Kloster selbst, sowie sämtliche Güter wurden versteigert. Nur wenige Bilder und Gegenstände sind heute aus dem Kloster noch vorhanden, da der überwiegende Teil in Privathände kam und damit verloren ging. Die Kreuzwegstationen und auch die beiden Seitenaltäre der Pfarrkirche in Dettingen sind noch einige dieser wenigen Überreste des Klosters Adelheiden.

Mit der Auflösung des Klosters verlor sich nicht nur die Wallfahrt, sondern auch das Andenken und die Verehrung der „guten Adelheid", die lange Zeit hindurch in unserer Gegend zur Märtyrerin der Tugend geworden war. Heute erinnert nichts mehr an die einst so verehrte Stätte inmitten des Dettinger Waldes.

Drei listige Gesellen

(Hanns Fischer)

Ich kam einmal auf eine Wiese und fand dort drei hübsche, stattliche Burschen beieinander stehen. Sie waren wachen Sinns und kecken Verstands und klagten sich gerade gegenseitig ihr Missgeschick. Der erste sagte: „Hört meinen Kummer, liebe Freunde; noch nie ist mir das Geld so schnell zerronnen wie in diesem Sommer." Da setzte der zweite, ohne sich lang zu besinnen, hinzu: „Auch ich war noch nie so abgebrannt wie eben diese Woche." Und der dritte: „Gebt acht, was ich zu sagen habe: Ich habe ebenfalls bis heute mein ganzes Geld verbraucht. Doch passt auf, wir sind nicht auf den Kopf gefallen. Wir sollten deshalb vor allem einmal mit Eifer darüber nachdenken, wie wir etwas zu essen herbeischaffen."

Sie machten einen Plan und gingen dann zusammen in eine Stadt, wo sie auf ein offenes Wirtshaus zuhielten. Dort baten sie den Wirt um Unterkunft und fragten, ob er sie beherbergen wolle. Der Wirt antwortete: „Gott schütze euch! Ich will euch alle drei gerne aufnehmen." Nun begann der erste Bursch: „Höre zu, Wirt, wir sind entschlossen, nicht von deiner Kost zu speisen, denn so hat man uns befohlen; auch verlangt unsere Ordensregel, dass wir es so halten sollen. Deshalb Wirt, sei nicht ärgerlich, wenn wir unser Essen selbst besorgen und dann in dein Haus bringen." Der Wirt antwortete: „Liebe Freunde, macht das, wie ihr wollt. Ich werde euch sogar dabei behilflich sein."

Der erste sagte jetzt: „Ich sorge für den Wein. Lieber Wirt, hör' mich an, ich brauche zwei Flaschen mit je zehn Maß Inhalt." Die eine füllte er dann mit Wasser und steckte sie unter den Mantel, die Leere aber trug er offen vor den Weinkeller eines anderen Wirts, wobei er dachte: „Wenn ich nur keine Fehler mache!" Nun fragte er den Wirt: „Um wieviel schenkst du deinen Wein aus? Ich hätte gern diese Flache gefüllt." Der antwortete: „Eine Maß kostet acht Pfennig." „Gut Wirt, hier gib acht: fülle mir diese Flasche voll." Darauf schlug er seinen Mantel über die Flasche mit Wein, holte geschickt die mit Wasser hervor und sagte zum Wirt: „Jetzt komm mit, dann will ich sie dir gerne bezahlen." Da griff der Wirt nach der Flasche und schalt: „Wenn ich jedem nachlaufen sollte, wann sollte ich dann meinen Wein verkaufen?" Aber der Bursche entgegnete nur: „Dann bedaure ich, die Flasche leer heimtragen zu müssen." „Bedaure was du willst", rief der Wirt, „mir ist das einerlei!", nahm im die Flasche ab und goss den Inhalt in sein Weinfass zurück. Der Bursche kam zu seinen Freunden und sagte: „Meine lieben Freunde, guter Wein wäre beschafft. Seht zu, dass wir ihn bald trinken können."

Der zweite war nun auch nicht müßig, und mit den Worten: „Dann will ich nach Brot gehen, denn es bewahrt uns vor dem Hunger" machte er sich geschwind auf und lief zu einem Bäcker, der schönes Brot feil hielt. Ein Knabe saß dabei. Zu diesem sprach der Bursche verschmitzt: „Such mir Brot heraus um sechs Schilling und komm dann ein kleines Stück mit, dann bezahle ich dich." Der Knabe sagte: „Gerne", und nun nahm der Bursche das Brot unter den Arm und bog in eine enge Gasse ein, während der Knabe hinter ihm herlief. Es drängte ihn, bald wieder bei seinen Kameraden zu sein.

Die listigen Gesellen, Stuttgarter Handschrift

Wie sie so an ein Eck kommen, lässt er einen Wecken fallen, dass er in den Straßenkot rollt, und dazu ruft er: „Lieber Junge, heb' mir das Brot auf." Wie sich dieser nun danach bückt, rennt unser Bursche lustig um die Ecke, biegt in eine andere Gasse ein und kommt wieder zu seinen Freunden. Der Knabe hatte den Wecken inzwischen aufgehoben und hielt nach dem Käufer Ausschau, konnte aber nirgends Auskunft über ihn erhalten. So ging er sehr betrübt nach Hause und empfing dort seine Prügel. Was soll ich hiervon noch erzählen? Der zweite Bursche kam also vergnügt zu seinen Kumpanen und sagte: „Gutes Brot wäre beschafft, das uns vortrefflich den Hunger stillen wird."

Der dritte überlegte, wie er Fische besorgen könne. Er tat so, als wäre er ein Klosterknecht, der für einen Konvent Fische kaufen sollte. So lief er auf den Fischmarkt, sah sich hier und dort nach Fischen um und ging schließlich auf einen alten Fischer zu. Bei ihm suchte er sich eine Anzahl Fische heraus, die er auf die Seite legte, und sagte: „Macht keine langen Worte und sagt mir, um wieviel ihr die Fische geben wollt." - „Nun, so gebt acht, ich lasse sie euch um einen Gulden." Der Bursche antwortete: „Sie sind allerbeste Ware. Geht mit mir, so bezahle ich sie euch. Ich muss sie dort ins Kloster bringen." Darauf der Fischer: „Ist die Sache so, so bezahlt das Geld diesem Knaben." Jetzt trotteten sie miteinander los und gingen in eine Kirche hinein.

Dort saß ein Mönch in einem Winkel und hörte einem alten Mann die Beichte. Der Bursche schlich sich zu ihm heran und sagte: „Hört mich an, Herr: Wenn ihr mit dem alten Knecht fertig seid, so nehmt euch den jungen Fischer vor, aber beeilt euch ein wenig." Der Mönch gab höflich zurück: „Ich will ihn mir gleich nach diesem vornehmen. Darum, mein Sohn, setze dich einstweilen hierher." Der Bursche machte sich jetzt eilends davon auf der anderen Seite durch den Kreuzgang hinaus und kam zu seinen Gesellen, zu denen er sagte: „Liebe Freunde, jetzt wollen wir aber fröhlich sein, denn ich habe mir auch etwas einfallen lassen und gute Fische gebracht." Da aßen sie tüchtig, ließen sich's gut gehen und wussten sich vor Freude kaum zu lassen. - Das aber mag jetzt auf sich beruhen.

Als nun der Mönch dem alten Mann seine Beichte vollends abgenommen hatte, sagte er zu dem Jungen: „Komm du jetzt zu mir." Der Fischer ging also hin zu dem Mönch, und dieser redete ihn an: „Mein lieber Sohn, knie nieder und sage mir alle die Sünden her, die du in deinem Leben begangen hast, denn ich will dich absolvieren." Der Knabe aber antwortete: „Herr, hört mich an, bezahlt mir das Geld für die Fische und beichtet dann selber, solange ihr wollt, denn ich habe keine Lust zum Beichten." Darauf der Mönch: „Es ist zwecklos, ich weiß nichts von deinen Fischen." Da schrie der Knabe: „Die Pest an euern Hals!

Ich denke doch, ich werde euch lehren, mir die Fische gern zu bezahlen", und fiel mit groben Worten über den Mönch her. Das hörten auch die anderen Mönche dieses Ordens und glaubten, der Knabe habe den Verstand verloren. Sie liefen herbei und fragten, was denn geschehen sei. Der Knabe schrie immer nur nach seinem Geld, und der Mönch sagte ungeduldig: „Er hat mir grobe Worte gegeben. Ich glaube, er ist vom Teufel besessen!" Da ergriffen die Mönche den Knaben und führten ihn ins Kloster. „Wir wollen ihn beschwören", sprachen sie und schoren ihm zuvor das Haar.

Dann schlugen sie ihn mit einer Rute, bis er heftig blutete, und schließlich packten sie ihn und setzten ihn in kaltes Wasser. Dazu murmelte einer etwas aus seinem Buch und sagte dann: „Wenn du den Verstand verloren hast, so musst du in diesem Wasser sitzen, bis dein Schaden behoben ist: du musst wieder ganz zu Verstand kommen." Da jammerte der Knabe: „Ihr lieben Herrn, ich bitte euch aufrichtig bei Gott, entlasst mich aus dieser Pein! Ich bin wieder ganz bei Verstand und will alle Schulden ablassen und nicht mehr daran denken; denn eure Beschwörung setzt mir schrecklich zu." Da holten sie ihn aus dem Wasser und ließen ihn nach Hause gehen. Sein Kopf sah ganz verwüstet aus. Er war geschoren wie ein Tollhäusler, und wo er sich hinterher beklagte, bekam er zu seinem Schaden noch Spott zu hören. So also hat der Knabe in jenem Orden seinen Verstand wiedergefunden.

Hieraus kann jeder lernen, dass man dem Wolf nicht trauen soll auf der Heide, nicht dem Schwur des Bauern und nicht dem Gewissen des Adels. Von allen dreien wird man angeschmiert, denn die Welt ist heute voller Falsch. Jeder möge selbst darüber nachdenken, was ihm förderlich ist, und sich vor Betrügerei in acht nehmen. Er soll selbst nicht hier und dort naschen wollen, aber auch auf seine Tasche achten, damit er von der Welt nicht verspottet werde und zugleich vor Gott desto besser besteht. Der möge uns behüten und uns alle zusammen Gott Vater und seinen himmlischen Sohn bitten, dass sie uns das ewige Leben schenken. Damit endet diese Erzählung.

Was sie berichtet hat – dafür will ich mich verbürgen – ist in Konstanz geschehen.

Das leichte Schneiderlein von Wallhausen

(Lucian Reich)

Entlang dem düsteren Bodenwalde, der sich weithin über den Rück (Bodanrück) ausbreitet, gelangt der Wanderer zu einer Schlucht (Marienschlucht), über welcher in kolossalen Trümmern auf Felsen die Burg Kargeck, vergessen von der Welt, seit Jahrhunderten die Einsamkeit hütet. Sie ist Eigentum des Herrn von Bodman und soll im Bauernkrieg gebrochen worden sein. Mehr waldeinwärts liegt der Bodman'sche Pachthof Kargeck. Der See soll in dieser Gegend von außergewöhnlicher Tiefe sein.

Weiterhin, hart am Ufer, kommen wir zum so genannten Halbmond, einer alten fichtenbeschatteten schroff ansteigenden Felswand mit einer, wie von Menschenhand gebildeten, Bogenstellung.

Ein harmloses Schneiderlein aus einem benachbarten Dorfe (Wallhausen) suchte einst im Wald nach Haselnüssen. An der dichtbewachsenen Felswand macht er einen Fehltritt und stürzt hernieder. Aus der Betäubung unverletzt erwachend, gelobt er eine Wallfahrt nach Maria Einsiedeln, mit dem Versprechen, dem dortigen Gnadenbilde so viele Pfund Wachs zu opfern, wie sein eigenes körperliches Gewicht betrage.

Schneiderlein, Stich 1876

Am fernen Gnadenorte angekommen, lässt er sich wiegen – und siehe – sein Gewicht beträgt kaum zehn Pfund. Misstrauisch besteigt er die Waagschale zum zweiten Male – da sieht er bloß noch fünf Pfund. Jetzt ahnt er übernatürlichen Einfluss und wie gut es seine Fürbitterin, die Mutter Gottes, mit ihm meine, opfert gläubig nach Maßgabe des reduzierten Gewichtes und scheidet neu gestärkt im Glauben von hinnen.

Der Raub der Tettinger Kirchenglocke

(Helmut Gloger)

Wie überall in den süddeutschen Landen brachte der Dreißigjährige Krieg auch in unser Dorf Not und Elend. Vor allem die Pest soll furchtbar gewütet haben, so dass von den 70 Einwohnern des Dorfes der Überlieferung nach nur 20 dem „Schwarzen Tod" entronnen sein sollen.

Der Einfall der Schweden unter General Horn in das Bodenseegebiet und die Belagerung der Stadt Konstanz brachte erneut großes Unglück in die umliegenden Dörfer. Vor allem die Truppen der schwäbischen Herzöge vom Hohentwiel, die mit den Schweden und den Franzosen im Bunde waren, überfielen immer wieder die ungeschützten Dörfer und Höfe.

So sollen eines Tages auch wieder einmal schwäbische Söldner vom Hohentwiel in Tettingen (Dettingen) eingefallen sein. Durch rechtzeitige Warnung waren Frauen und Kinder in Sicherheit gebracht worden, die wenige Habe hatte man an sicherem Ort versteckt. Vergeblich durchsuchten die Soldaten Häuser und Scheunen, es gab nichts, was man mitnehmen konnte.

Da entdeckten sie die Glocke auf dem Kirchturm. Vergeblich war das Bitten der Tettinger, ihnen die Glocke, die in den letzten schweren Jahren so vielen Bürgern auf dem letzten Weg geläutet hatte, zu lassen. Nicht ganz ohne Beute wollte der Obrist mit seinen Leuten das Dorf verlassen.

Plötzlich ertönte ein Signal. Kaiserliche Truppen hatten das Dorf umstellt. Nur durch das Moor war ein Entkommen möglich. Ein junger Bursche erklärte sich bereit, die Söldner durch den gefährlichen Sumpf zu führen. Die schwere Glocke zwischen zwei Pferde gebunden, folgten sie ihrem Führer auf einem schmalen Pfad. Doch plötzlich gab der Boden nach. Mit einem kühnen Sprung rettete sich der mutige Tettinger, während die Soldaten mit ihren Rössern und der schweren Glocke im Moor versanken. Ganz bewusst hatte der junge Bursche die räuberischen Söldner in ihr Verderben geführt und dabei auch sein eigenes Leben aufs Spiel gesetzt.

Heute noch erinnert der Name dieses Gewannes „Zum Glockenbrunnen" an dieses Geschehnis.

Warum die Schwaben dem Reich vorfechten
(Rudolf Kapff)

Schwäbischer Landsknecht, Dominicus Custos 1560-1612

Die Schwaben haben von alten Zeiten her unter allen Völkern des Deutschen Reiches das Recht, dem Heer vorzustreiten. Und dies verlieh Karl der Große ihrem Herzog Gerold dem Jüngeren, auch genannt Gerold von der Baar. Er war Hildegardens Bruder, welche die Frau Karl des Großen war. Gerold, der in der blutigen Schlacht von Runzefal vor dem Kaiser auf das Knie fiel, forderte diesen Vorzug als der Älteste im Heer.

Andere erzählen es von der Einnahme von Rom, wozu die Schwaben Karl dem Großen tapfer halfen.

Noch andere von der Einnahme Mailands, wo der schwäbische Herzog das kaiserliche Banner getragen, und dadurch das Vorrecht erworben.

Von den sieben Schwaben

(Erzählt von Egon Schwär)

Die Sieben Schwaben sind ein Erzählstoff, in dem es um die Abenteuer von sieben als tölpelhaft dargestellten Schwaben geht. Die sieben Protagonisten stehen dabei stellvertretend für sieben Charaktertypen. Als Höhepunkt des Dummenschwanks steht der Kampf mit einem Untier, das sich als Hase herausstellt.

Der Schwank wird erstmals 1545 in einem Meisterlied von Hans Sachs (1494-1576), allerdings mit neun Schwaben, erzählt. Der frühneuzeitliche Spott über die Schwaben griff die in gedruckten Schwankbüchern verbreitete Geschichte gern auf. Gedruckte illustrierte Flugblätter des 17. Jahrhunderts zitierten den schwäbischen Dialekt. Der Stoff wird von unzähligen Autoren aufgegriffen, unter anderem in den „Kinder- und Hausmärchen" der Brüder Grimm ab der 2. Auflage von 1819, in Ludwig Bechsteins Deutsches Märchenbuch „Das Märchen von den sieben Schwaben" 1845. Zusätzlich schuf Karl Millöcker 1887 eine Operette mit diesem Titel.

Besonders populär wurden die Sieben Schwaben durch das vielfach nachgedruckte „Volksbüchlein", welches einst Ludwig Aurbacher (1784-1847) erstellte, in der literarische Schwankstoffe der frühen Neuzeit zu einer Episodenreihe verarbeitet wurden. Von ihm erhalten die Sieben Schwaben im 2. Band des Volksbüchleins von 1829 auch ihre Namen: Allgäuer, Seehas, Nestelschwab, Blitzschwab, Spiegelschwab, Gelbfüßler und Knöpfleschwab. Auch wenn einige von ihnen eine landsmannschaftliche Zuordnung erfahren, stehen sie dabei eher stellvertretend für die Eigenschaften, die man den Bewohnern der jeweiligen Regionen zuschreibt. Schwaben ist in diesem Zusammenhang für den ganzen Badisch-Schwäbischen Sprachraum, inklusive Konstanz, das historisch eine oberschwäbische Stadt ist, zu interpretieren.

Im Folgenden werden die Passagen aus „Schwäbische Sagen, gesammelt von Rudolf Kapff" aus dem Jahre 1926 zitiert, die mit der Region in und um Konstanz zusammenhängen.

Am Bodensee

(Rudolf Kapff)

Als die sieben Schwaben des Sees ansichtig wurden, sagte der Seehas: „Das ist der Bodensee." Die blieben stehen und rissen Aug' und Maul auf und lugten eines Lugens. „Bygost!" sagte der Allgäuer, „das ist eine Lache, so groß, man könnte den Grinten (Kopf) drin versäufen." Und der Spiegelschwab sagte den Seehasen, ob das Wildenten seien, so man dort in der Ferne sehe? Es waren aber Schiffe. Und der Gelbfüßler ob jenseits drüben auch Leute wohnen wie diesseits. Und einer um den andern fragte dies und jenes, und der Seehas erzählte und sagte, es sei dies das deutsche Meer – mussten sie wissen – und es habe einen Umfang von wenigstens hundert Meilen – er lüge nicht, sagte er.

Und der See, sagte er, habe gar keinen Grund und Boden; darum heiße er eben auch der Bodensee, wie leicht zu begreifen sei. Und bei stillem, hellem Wetter, sagte er, sehe man versunkene Städte und Schlösser drin und ganze Landschaften – er sag' es, sagte er.

Und Fische geb' es drin, sagte er, so groß wie das Kostnitzer (Konstanzer) Münster – er lasse nichts abmarken, sagte er.

Auch Nixen geb' es die Menge, zu Land und zu Wasser – sehen müsst ihr's, sagte er. Und wenn der See aber stürmisch sei, so werfe er Wellen – er übertreibe nicht – so hoch wie der Säntis (ist ein Berg in der Schweiz). Und er könnte der Wunderdinge noch viel erzählen, sagte er; aber wer's nicht selbst sehe, der glaub' es nicht. „Potz Blitz!" sagte der Blitzschwab ein um das andere Mal; die andern aber sagten kein Wörtle.

Nachdem sie sich nun schier die Augen ausgelugt, so zogen sie fürder, an Überlingen vorbei, gegen den Wald zu, wo das Ungeheuer hauste.

Die schwäbische Hasenjagd

(Rudolf Kapff)

„Wir gehen dem Bodensee nach", sagte der Allgäuer, „dann kommen wir ans Gebirge, und dann können wir nimmer fehlen." „Los Brüderle, was ich dir sagen will," sagte der Spiegelschwab; wollten nicht vorerst noch ein bissle auf und über das deutsche Meer? Die Gelegenheit ist gar kömmlich, und wir haben sie nicht alle Tag'. Auch sagt der Seehas: Es liege dort jenseits eine Stadt, die heiße Kostnitz; da dürfe man nur fragen: Maul, was willst? So habe man's, wie im Schlauraffenland, und was die Hauptsache sei, sagt er, es kost nits, wovon eben die Stadt den Namen habe." „Bygost!" sagte der Allgäuer, „recht wär's schon, wenn's nur auch wahr wär'." „Probieren können wir's ja," versetzte der Spiegelschwab, „das Probieren kost nits."

So fuhren sie mit dem Marktschiff nach Kostnitz, und das erste Wirtshaus, das ihnen in die Augen fiel, war der blaue Bock, und siehe da! Auf dem Schild stand geschrieben: Morgen ist alles zechfrei. „Bygost!" sagte der Allgäuer, „diesmal hat der Seehas nicht gelogen." „'s ist nur schad," sagte der Spiegelschwab, „dass wir um einen Tag zu früh gekommen." Also kehrten sie beim blauen Bock ein. Abends, als sie die kleine Zeche bezahlten, sagte der Spiegelschwab den Wirt: „Mit den Worten auf Eurem Schild hat's doch seine Richtigkeit?" „Ja," sagte der Wirt, „ein Mann, ein Wort!" So saßen sie denn, wie angepicht, den ganzen folgenden Tag und zechten vom frühen Morgen bis tief in die Nacht hinein, der Worte eingedenk, die auf dem Schilde zu lesen waren. Und der Wirt und die Wirtin gingen fleißig hin und her und hatten ihre Freude an den Zechbrüdern, und zumal auch an des Spiegelschwaben seinen Schnacken und Schnurren.

Unter anderem kam denn auch die Rede auf die schwäbische Hasenjagd, von der die Mär bis über das Meer gedrungen war. Man erzähle sich dieses und jenes davon, sagte der Wirt, und wenn er's offen bekennen wolle, eben nichts, was den Schwaben sonderlich zur Ehre gereiche. Das könne und wolle er ihm treulich berichten in Wahrheit, sagte der Spiegelschwab; denn er und sein Geselle seien eben selbst dabei gewesen. „Wisst also," fuhr er fort, „dass der Teufel sich vorgenommen hat, zum Spaß die Menschen in Furcht zu jagen und ihren Mut auf die Probe zu stellen. Und er nahm die Gestalt eines Hasen an; versteht, eines Untiers in Hasengestalt, und er war so groß und fürchterlich, dass es nicht zu sagen ist. Erstlich ließ er sich in Welschland (Frankreich) sehen, wo er ohnehin oft Geschäfte hat. Die Welschen aber nahmen Reißaus nach allen Seiten hin und ließen dem Teufel das Feld. Da dacht sich der Teufel: Nun will ich's bei den mutigen Deutschen versuchen, und er kam nach Schwabenland, wo er wusste, dass die Tapfersten unter ihnen wohnen, und dass sie's (wie die Sage geht) selbst mit dem Teufel auf dem freien Feld aufnehmen. Die Schwaben, wie sie das Untier sahen, waren nicht faul, sondern sandten Boten nach allen Gegenden Deutschlands und verlangten in des Reiches Namen von jeglichem Volk das Kontingent (die zu stellenden Truppen). Also stellten sich Bayern und Österreicher, Franken und Sachsen, samt denen vom oberen und niederen Rhein; nur die Schweizer blieben aus, die Kuhmelker, die Milchsuppen, die Käspanscher. An der Spitze aber marschierten wir, die Schwaben, sieben Mann hoch. Und wir stießen auf den Feind unweit Überlingen am Bodensee. Aber, sieh da! Wie wir nun anrückten, wir Schwaben, in voller Hitze, immer vorwärts; da liefen indes die übrigen alle davon, die Franken voran, drauf die andern, und die Österreicher deckten den Rückzug. Und wir, die Sieben, sind mutterseelenallein zurückgeblieben und haben das Abenteuer bestanden, zum ewigen Ruhm der Schwaben.

Das ist die wahrhaftige Geschichte von der schwäbischen Hasenjagd; und wer's anders erzählt aus Missgunst, der lügt, sag' ich. Und sagt's nur jedem, dass ich's gesagt habe, ich, der Spiegelschwab."

Das Blinde-Mäusle-Spiel um die Zeche

(Rudolf Kapff)

Des andern Tages in der Früh, nachdem sie noch ein paar Seidel zu Gemüt genommen, schickten sie sich endlich zum Aufbruch an, und sie sagten zum Wirt: „Schönen Dank für die höfliche Bewirtung!" „Ist meine Schuldigkeit gewesen," sagte der Wirt, „aber mit Verlaub!" setzte er hinzu, „lasst nun sehen, was eure Schuldigkeit sei." Und er ging zur Schreibtafel und rechnete. „He!" rief der Spiegelschwab, „was wär' denn dies? Was steht denn auf Eurem Schild?" „Ein Bock," sagte der Wirt lachend, „der die Leute blau anlaufen lässt." „Aber die Worte drunter?" „Ich steh' zu meinen Worten: Morgen ist alles zechfrei - aber beachtet: Nicht heute, nicht nächten und vornächten. Verstanden?" „Bygost!" sagte der Allgäuer, „merkst du nun, was die Kreide gilt?"

Der Spiegelschwab aber dachte sich: Schalk muss mit Schalk gefangen werden, und er hatte alsbald seinen Einfall, den er dem Allgäuer ins Ohr raunte. Beide nahmen sofort ruhig ihre Beutel heraus und kläpperten damit, als hätten sie was, und der Spiegelschwab sagte dem Allgäuer: „Lass! Ich will schon bezahlen." „Bygost!" sagte der Allgäuer, „die Ehr' lass ich mir nicht nehmen – ich will bezahlen." So stritten sie eine Weile miteinander.

Da sagte endlich der Spiegelschwab zum Wirt, der ihnen die Schreibtafel wies: „Ihr seht schon, wir beide können uns nicht vertragen, allein von wegen der Ehre; da wird's nun schon am besten sein, dass das Los entscheide. Wisst ihr was? Um zum Kehraus noch einen Jux zu haben, wollen wir Girigingelen oder blinde Mäusle spielen; wen er ertappt, der zahlt – damit Punktum!" Der Wirt ließ sich den Spaß gefallen und die Augen verbinden; die beiden zogen ihre Schlurfen (abgetretenen Schuhe) aus, und nun ging's in der Stube husch auf und ab, 'rum und 'num. Bald war der Allgäuer zur offenen Tür hinaus, und der Spiegelschwab, nachdem er noch ein und den andern Schuss getan, schlich ihm nach, lugte aber noch zum Guckerle hinein, um zu sehen, welche Sprüng' und Griff' der blaue Bock mache. Indem trat die Wirtin zur Tür herein; der Wirt rannte auf sie zu und rief: „Du musst bezahlen."

Die sieben Schwaben, Adrian Ludwig Richter 1803-1884

Der Schwabenstreich ward nun kundbar; der Wirt wollte den Strolchen nach, aber die Wirtin sagte: „Lass die hungrigen Schwaben laufen! Haben sie uns doch von dem Hasen befreit, dem Untier, das zuletzt noch unsere Kinder und Rinder aufgefressen hätte." So kamen beide ohne Kosten aus Kostnitz und fuhren mit dem Marktschiff wohlgemut nach Lindau über.

Übernatürliches

Loretto-Kapelle, Friedrich Pecht 1814-1903

Die Jungfrau Maria über der Stadt

(Schnell und Steiner, erzählt von Ulrich Büttner)

Als im Jahre 1618 drei kaiserliche Gesandte aus einem Fenster der Prager Burg geworfen wurden, ahnte wohl niemand, dass dies der Auslöser für einen der blutigsten Kriege werden sollte, den Europa in den letzten 1000 Jahren gesehen hat – den Dreißigjährigen Krieg. Zwar hatten die unfreiwilligen Fensterstürzler der Legende nach Glück – sie landeten auf einem Misthaufen und konnten fliehen. Damit nahm das große Morden seinen Lauf.

Diesem europäischen Ringen standen sich auf der einen Seite der Kaiser mit den katholischen Ständen des Reiches und auf der anderen Seite die evangelischen Stände, Schweden sowie später auch Frankreich gegenüber. Es war ein Konflikt um die Vorherrschaft in Mitteleuropa und um die Religiöse Frage: Stehen nun die Katholiken oder die Protestanten auf Gottes Seite? Darum wurde 30 Jahre gekämpft, gemordet und gelitten. Als 1648 endlich der ersehnte Friede verkündet wurde, war mindestens ein Drittel der deutschen Bevölkerung an den Folgen des Krieges gestorben: Erschlagen, verhungert und durch Krankheiten, allem voran die Pest, dahin gerafft.

Die Bürger der Stadt Konstanz hatten lange Zeit Glück gehabt. Bis 1632 fand für sie der Krieg weit weg an anderen Schauplätzen statt. Aber nun verschonte er die alte Bischofsstadt nicht länger. 1633 rückte der schwedische General Horn mit seiner Armee in die Bodenseeregion ein. Er hatte das Ziel, Konstanz zu erobern, um sich somit diesen strategisch wichtigen Stützpunkt nördlich der Alpen zu sichern. Unbarmherzig rückten Horns Soldaten vor. Zuerst wurden Radolfzell und die anderen Dörfer des Bodanrücks überrannt und geplündert. Immer näher schob sich die schwedische

Feuerwalze an Konstanz heran. Als nun auch das nahe gelegene Dorf Wollmatingen erobert und gebranntschatzt wurde, stieg die Furcht in der Stadt, die mit Flüchtlingen geradezu verstopft war. Den Hauptstoß gegen die Wehrmauern führte Horn aber von Süden aus, einer Richtung, die die Konstanzer nicht erwartet hatten, da man nicht glaubte, dass die Schweden über Schweizer Gebiet marschieren würden. Die Kräfteverhältnisse ließen den Mut der belagerten nicht gerade steigen: Als die Schweden die Stadt am 7. September einschlossen – Nachschub war nur noch über den See möglich – befanden sich innerhalb der Mauern 1865 bewaffnete Verteidiger, die Belagerer allerdings waren mindestens vier- bis fünf-fach überlegen.

Als wenn dies nicht schon schlimm genug gewesen wäre, hatte die Pest im Frühjahr desselben Jahres schon zahlreiche Opfer gefordert. Die eingeschlossenen Menschen waren verzweifelt, nicht wenige haderten mit dem Schicksal. Über einen Monat wurde Konstanz belagert und mit schweren Geschützen beschossen. Der Tod war allgegenwärtig. Trotzdem verteidigten die Eingeschlossenen die Stadt mit heldenhaftem Mut. Auf mehrere schwedische Kapitulationsangebote ging man nicht ein. Anfang September wurde die Lage allerdings sehr kritisch. Niemand wusste, wie lange die arg beschädigten Mauern noch halten würden.

Als die Schweden erneut eine Offensive starteten, versammelten sich viele Konstanzer zu einem zehnstündigen Gebet, um himmlische Hilfe zu erbitten. Man gelobte, eine Kapelle zu Ehren der Gottesmutter Maria nach dem Vorbild von Loretto in Italien zu errichten, falls die Stadt gerettet würde. Mehrmals stand es auf Messers Schneide. Einmal konnten Horns Soldaten beim Kreuzlinger Tor im Süden der Stadt die äußeren Mauerringe überwinden, aber mit letzter Kraft wurden sie zurückgeworfen.

In diesen Wochen – so berichtet die Sage – tauchte zeitweise am Himmel über der Augustinerkirche (heute Dreifaltigkeitskirche) und an der Stadtmauer eine Frauengestalt auf, die von einem leuchtenden Strahlenkranz umgeben war. Die Menschen erkannten sie als Maria, die Mutter Gottes, die mit ihrem ausgebreiteten Mantel die schwedischen Kanonenkugeln abwehrte. Später wurde diese Legende in einem Wandbild beim Kreuzlinger Tor dargestellt. Leider wurde das Tor 1866 abgerissen, so dass uns heute nur noch die schriftliche und mündliche Überlieferung bleibt.

Horn entschloss sich abzuziehen, als er erkannte, dass die eigenen Verluste anstiegen und sich zur Rettung von Konstanz kaiserliche und schweizer Truppen näherten. Die Konstanzer konnten aufatmen – ihre Stadt war noch einmal davongekommen, auch dank der Hilfe der Jungfrau Maria. Um sich dem himmlischen Beistand gegenüber dankbar zu erweisen, wurde das gegebene Versprechen eingehalten: Der Fürstbischof Johannes VII. weihte am 1. Juli 1638 die fertig gestellte Lorettokapelle in Allmannsdorf ein. Dort steht sie inmitten friedlicher Natur noch heute und ist ein beliebtes Ausflugsziel für Menschen, die etwas Ruhe und Idylle in Sichtweite der Mainau suchen.

Das große Morden indes ging noch lange weiter. Erst 1648 sollten die erschöpften Kriegsparteien den lang ersehnten Westfälischen Frieden schließen. Europa atmete nun endlich auf, vergessen wurden diese schrecklichen 30 Jahre nie – zu tiefe Wunden und Narben hinterließen sie im Bewusstsein der Menschen. Erst im 20. Jahrhundert sollte ein noch grausamerer Krieg das Abendland heimsuchen – doch davon ein andermal mehr.

Die Christnacht im Jahre 1790

(Helmut Gloger)

Wie es alle Jahre Brauch war, gingen die Leute vom Burghof (Burg Tettingen bei Wallhausen) auch in der Christnacht 1790 zur Christmette. Um die Mitternachtsstunde wurde diese in der Pfarrkirche zu Tettingen (Dettingen) abgehalten.

Tief verschneit lagen Wald und Flur. Silbern glitzerte der Schnee in der klaren Mondnacht. Nur ein schwaches Licht brannte oben in der Burgstube. Hier hütete eine junge Magd, die zurückgeblieben war, das jüngste Töchterlein des Burgherren. Fürchten brauchte sich die junge Maid nicht, denn wachsame Hunde lagen am Eingang der Burg. Wehe dem Fremden, der es gewagt hätte, in die Burg einzudringen. Dumpf und schwer schlug die „Osianna"-Glocke auf dem Überlinger Münster die Mitternacht. Ringsum läuteten die Glocken ihr Jubilate in die Heilige Nacht und kündeten die Geburtsstunde des Herrn. In Kirchen und Kapellen knieten die Menschen und feierten das Wunder der Heiligen Nacht. Friedlich schlief das Kleine in der alten Wiege, in der schon sein Urahn gelegen hatte. Die Magd betete vor dem Herrgottswinkel. Über allem lag ein heiliger Zauber: Christus ist geboren!

Plötzlich horchte die Magd auf. Leise Schritte auf dem Gang, ein Rauschen, wie von einem schweren Kleid. Leise öffnete sich die Türe. In ihr steht ganz in weiß gekleidet ein blühend junges Weib. Als wäre ihr eine Heilige erschienen, sinkt die Magd in die Knie und starrt die geheimnisvolle Dame an. „Fürchte dich nicht!", sprach die Erscheinung. „Es soll dir kein Leid geschehen, aber lass mich kurze Zeit bei dir ruhen und meine Not dir klagen. Endlose Jahre schon muss ich friedlos wandern, von einer Christnacht zur anderen. Böses tat einstmals einer meiner Ahnen, er verging sich an der Unschuld eines Mädchens. Nun muss eines unserer Sippe dafür büßen. Mich traf dieser furchtbare Fluch. Kinderlos blieb mein Schoß, und früh schon musste ich von dieser Erde scheiden. Doch ruhen darf ich nicht. Denn noch ist der Baum nicht gepflanzt, aus dessen Holz man einst die Wiege schnitzt für den, der mich erlösen soll, einmal in der Christnacht durch sein Beten."

Sprach's und leise, wie sie gekommen war, verschwand die Erscheinung wieder. Und wieder umgab tiefe Stille die Magd und ihren Schützling in dieser geheimnisvollen Nacht.

Das Schneekind
(Erzählt von Egon Schwär)

Die Kaufleute der Stadt Konstanz wurden durch ihren Handel reich und mächtig. So erlaubten sie sich ab 1192 den Kampf gegen ihren bisherigen Stadtherrn, den Bischof in Konstanz, und errangen den Status einer Freien Reichsstadt. Somit waren die Stadtbürger nicht mehr der Kirche, sondern direkt dem Kaiser unterstellt.

Das wichtigste Handelsgut war rohe gebleichte Leinwand, das überall als „Konstanzer Leinwand" (tela die Costanza) berühmt war. Es ist belegt, dass sie weithin im gesamten Mittelmeerraum gehandelt wurde.

Ludwig Uhland erzählte 1868 folgende Sage:

Einer dieser Konstanzer Kaufleute musste für zwei Jahre über das Meer reisen, während sein Eheweib daheim den Hausstand führte. Er staunte jedoch nicht schlecht, als seine Frau einen jungen Sohn in Händen trug, den er unmöglich selbst gezeugt haben konnte. Seine Frau erklärte ihm, dass sie bei einem Ausflug in die Alpen ihren Durst mit Schnee stillte und davon schwanger wurde.

Der Kaufmann nahm die Geschichte hin und seinen Erben mit auf eine Seefahrt und kam ohne diesen wieder zurück nach Konstanz, da er ihn bei einem Händler zurückließ. Die Frau machte sich Sorgen und erkundigte sich nach dem Verbleib ihres Sohnes. Darauf antwortete der Kaufmann, dass sie durch einen bebenden Sturm an einen Sandstrand geworfen wurden. Die Sonne schien so kräftig, dass das Schneekind einfach dahin geschmolzen sei.

Hanns Fischer schrieb die Geschichte 1967 wie folgt auf:

Ein Kaufmann hatte eine Frau, die er wie sein Leben liebte. Auch sie behauptete, ihn zu lieben, doch war das nicht die Wahrheit ihres Herzens; ihre Liebe war geheuchelt.

Nun geschah es einmal, dass der Mann nicht länger zu Hause bleiben wollte und sich in der Hoffnung auf Gewinn auf eine Handelsreise begab. Er fuhr über das weite Meer, wie das ja viele Kaufleute tun, und gelangte endlich in ein fremdes Land, wo er günstige Geschäftsbedingungen vorfand. Drei Jahre blieb er dort, um Geld zu machen, und erst am Ende der vierten kehrte er wieder in die Heimat zurück. Seine Frau empfing ihn liebevoll mit einem kleinen Kind an der Hand. Da wollte er wissen, von wem denn das Kind stamme, und die Frau antwortete ihm: „Einmal, mein Gebieter, hatte ich Sehnsucht nach dir. Da ging ich hinaus in den Garten und steckte ein wenig Schnee in den Mund. Da berührte mich deine Minne (Liebe), und ich empfing dieses Kindlein. Bei meiner Treue, es ist dein Kind." „Dann kannst du schon recht haben", sagte der Mann darauf, „wir wollen es großziehen." Er ließ sie aber nicht merken, dass er ihre heuchlerische Liebe durchschaut hatte, bis zehn Jahre vergangen waren.

Nun ließ er das Kind unterweisen in der Jagd mit Habichten und Hunden, im Schachspiel und in der Beizjagd, dazu in vielen anderen Spielen, lehrte es auch mit Anstand reden und schweigen, Harfe, Rotte (Musikinstrument ähnlich einer sechssaitigen Leier) und

Geige spielen, und was es sonst noch an Saiteninstrumenten gibt oder an unterhaltsamen Beschäftigungen. Dann aber befahl er eines Tages seinen Knechten, die Schiffe mit Speise zu versehen wie früher. Das Schneekind nahm er mit. Er befuhr wiederum das wilde Meer, und die Wellen warfen ihn hierhin und dorthin und verschlugen ihn endlich in ein schönes Land, wo er einen reichen Kaufmann traf. Der fragte ihn gleich, was er zu verkaufen habe. Da wies man ihm das Schneekind, und er bezahlte dreihundert Mark dafür; das war eine große Summe. Außerdem mehrte es das Ansehen unseres Kaufherrn beträchtlich, dass er sich nicht damit verrechnet hatte, den kleine Bastard aufzuziehen. Der Kaufpreis, den er für ihn bekam, betrug das Doppelte seiner Aufwendungen.

Jetzt blieb er nicht länger, sondern fuhr vergnügten Sinns sogleich nach Hause. Seine Gattin ging ihm entgegen und begrüßte ihn zärtlich. Dann aber fragte sie: „Wo ist das Kind geblieben?", und er erwiderte: „Der Wind hat mich hierhin und dorthin getrieben, kreuz und quer über das wilde Meer. Dabei wurde das Kind nass und ist gleich wieder in Wasser zerlaufen. Du hast mir ja gesagt, dass du es vom Schnee empfingst. Wenn du mir damit die Wahrheit erzählt hast, so darfst du jetzt nicht das Kind bejammern. Es gibt ja kein Wasser, wie sehr es auch fließe, das nicht innerhalb Jahresfrist zu dem Ursprung zurückkehrt, aus dem es herstammt. Du darfst mir also glauben, dass auch das Schneekind wieder in dich zurückfließt." So rächte der Kaufmann sich dafür, dass er betrogen worden war.

Ein Mann, der, wenn ihn seine Frau betrügt, darauf sinnt, wie er den Schaden wieder gutmachen und der List mit einer zweiten begegnen kann, beweist große Klugheit, denn die Frauen haben mit ihrer Durchtriebenheit schon viele Männer hintergangen, wie euch sattsam bekannt ist.

Das verschollene Kegelspiel

(Helmut Gloger)

In vielen Burgen haben sich die edlen Herren mit Kegelspielen vergnügt. Kunstvolle Figuren aus Holz und sogar aus reinem Gold wurden verwendet.

Eines Tages war nun das goldene Kegelspiel verschwunden. Irgendwo auf dem Burghof (Burg Tettingen bei Wallhausen) hatte es ein Ritter vergraben. Lange hatte man danach gesucht, es aber nie mehr gefunden. In dunklen, unheimlichen Nächten allerdings soll dieser Ritter, der danach keine Ruhe mehr gefunden hat, dieses goldene Spiel hervorholen und die Kugel rollen lassen. Oft haben früher die Leute dieses unheimliche Rollen der schweren goldenen Kugel vernommen und zwar immer dann, wenn wieder einmal Schatzsucher nach dem verschwundenen Kegelspiel gegraben haben.

Die Geschichte vom goldenen Kegelspiel wird von mehreren Burgen erzählt. Doch gibt es heute noch immer wieder Schatzsucher, die sogar mit speziellen Geräten nach dem wertvollen Metall suchen. Ob wohl irgendwann auf einer dieser Burgen ein goldenes Kegelspiel gefunden werden wird?

Die Besenhexe

(Hannes Grabher)

Miniatur in einer Handschrift von Martin Le France, 1451

Im 16. und 17. Jahrhundert glaubte man in allen deutschen Landen, so auch in unserer Gegend, an Hexen. Alte, besonders recht hässliche Frauen, aber auch auffallend schöne Mädchen wurden mit Vorliebe der Hexerei bezichtigt und zu Tausenden auf dem Scheiterhaufen verbrannt. Ein wahrer Hexenwahn hatte damals unsere Vorfahren befallen. Immer wieder wurden Frauen beschuldigt, dass sie mit dem Teufel im Bunde stehen, Menschen und Tieren Böses „anwünschen" und im Verborgenen ihre Hexenkünste treiben. Wohl beteuerten alle ihre Unschuld, doch was nützte das?

Durch die grausame Folter wurde in den meisten Fällen jedes gewünschte Geständnis erpresst.

In jener Zeit lebte auch in Lustenau eine Hexe. Sie stand mit dem Bösen im Bunde, mit dessen Hilfe sie allerlei Hexenkünste trieb. Als sie eines Tages ihr Mittagessen kochte und das Schmalz schon in die Pfanne gegeben hatte, bemerkte sie, dass ihr die Zwiebeln fehlten. Sie nahm ihre Zauberkunst zu Hilfe, setzte sich auf einen Besen und sagte: „Bäoso wohl-uf und neona a!" Pfeilschnell flog sie, auf dem Besen reitend, durch den Kamin hinaus und hinunter bis nach Konstanz. Dort kaufte sie auf dem Markt Zwiebeln und war mit diesen zurück, ehe das Schmalz in der Pfanne richtig heiß geworden war.

Die Hexe hatte eine alte Magd. Als diese einmal dringend etwas zu besorgen hatte und die Meisterin nicht anwesend war, wollte sie, um ihre müden Füße zu schonen, es auch einmal mit dem Zauberbesen versuchen. Sie setzte sich rittlings auf den Besen, konnte sich aber des Zauberspruches nicht mehr so recht entsinnen und sagte: „Bäoso wohl-uf und überall a!" Flugs wirbelte sie den Kamin hinauf, doch stieß sie dabei so heftig an die Wände und gegen den Kaminhut, dass sie halbtot in die Küche zurück fiel. Darüber war die Magd so erzürnt, dass sie die Meisterin ob ihrer schwarzen Künste anklagte. Dieser wurde der Hexenprozess gemacht und bald darauf hauchte sie auf dem brennenden Scheiterhaufen ihre schwarze Hexenseele aus.

Hinrichtung eines Zauberers in Konstanz

(Leander Petzold, ins Neuhochdeutsche übertragen von Ulrich Büttner)

Es waren einst zwei Gesellen aus dem Thurgau, die miteinander stritten. Da bezichtigte einer der beiden den anderen, dass dieser den Kühen die Milch wegzaubern und Wetter und Hagel verursachen könnte – er solle ein Zauberer sein, im Bund mit dem Leibhaftigen. Er wäre darüber hinaus ein durch und durch verderbter, schändlicher Mann, der Gott, dem Land und den Menschen nur Schlechtes wolle. Der Andere aber widersprach und betonte seine Unschuld. So kam die Sache vor das Konstanzer Landgericht, um Schuld oder Unschuld zu klären. Der Bürger Ulrich Blaurer war Fürsprecher für den Kläger, Cunrat Schatz dasselbe für den Beschuldigten. Der Kläger konnte zusätzlich sechs Männer vor Gericht bringen, alle sieben schworen bei Gott und den Heiligen, dass sie wissen würden, dass der Beschuldigte ein Zauberer sei, der den Tod verdient habe.

Das Gericht verhörte daraufhin viele Zeugen. Es fanden sich genug, die den mutmaßlichen Zauberer belasteten. Die Richter hielten nach alldem die Schuld des Angeklagten für erwiesen und verurteilten ihn zum Tod durch Verbrennen, eine damals übliche Strafe für Hexen und Zauberer. So wurde der Verurteilte am folgenden Samstag auf dem Richtplatz bei lebendigem Leibe verbrannt.

Schottenfriedhof mit Kapelle, Aquarell um 1800

Bodensee

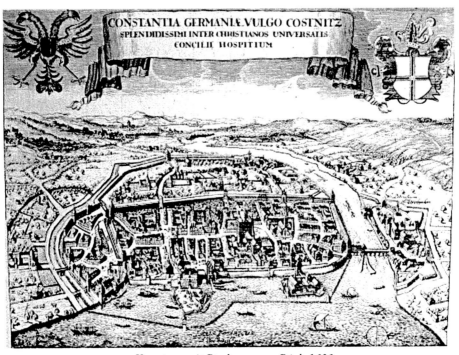
Konstanz mit Stadtmauern, Stich 1633

Die versenkte Stadtmauer
(Mündliche Überlieferung, erzählt von Egon Schwär)

Wie jede alte Stadt besaß auch Konstanz einst eine prächtige Stadtmauer. Sie umschloss zu allen Seiten hin das Stadtgebiet und sollte feindliche Angriffe abwehren. Vielerorts versuchte man die Wehrfähigkeit durch besonders hohe Mauern zu gewährleisten. Durch die geographische Lage war dies in Konstanz schwierig. So entschied man sich für einen doppelten Mauerring, der durch Wassergräben ergänzt wurde. Am Bodensee war Wasser genügend vorhanden und nach Norden mit dem Seerhein und nach Osten mit dem Obersee auch von Natur aus vorgegeben.

Beispielsweise während des Konzils hat sich in Konstanz neben der geistlichen und kirchlichen Prominenz auch allerlei Fußvolk eingefunden, deren Unterhalt nicht immer gesichert war. So entschloss man sich in dieser Zeit kurzer Hand die Stadtmauern zu erweitern, um diesen Menschen nicht nur Brot, sondern auch Arbeit zu geben. Damals war es für die Beteiligten klar, dass der Mensch nicht nur finanziell unterstützt, sondern auch mit möglichst sinnvoller Arbeit beschäftigt werden wollte.

Heute ist die Stadtmauer weitgehend verschwunden. Falls man bei Bauarbeiten doch mal auf alte Reste stößt, wird dies von der lokalen Presse gleich als Sensationsfund gefeiert. Doch fragt man sich, wo ist denn eigentlich die hohe Stadtmauer von einst geblieben?

Es hält sich hartnäckig das Gerücht, dass der Konstanzer Stadtgarten durch das Abbruchmaterial der Stadtmauer aufgeschüttet wurde. Tatsächlich ist es so, dass in der ersten Hälfte des 19. Jahrhunderts das Bedürfnis einer Stadterneuerung bestand. In ganz Europa wurden die mittelalterlichen Städte dem neuen Zeitgeist angepasst. Es mussten große Straßen und bald schon Eisenbahntrassen für den Transport angelegt werden. Es war die zunehmende Industrialisierung, die eine Zentralisierung von Produktion und damit auch der Menschen mit sich brachte. Die jungen Leute verließen das Land, um in der Stadt einträgliche Arbeit und menschenwürdige Lebensverhältnisse zu finden. Dies war jedoch in den viel zu klein gebauten mittelalterlichen Städten nicht möglich, so dass umfangreiche Baumaßnahmen das Antlitz der alten Städte grundlegend veränderten.

Ein Aufschütten des Stadtgartens mit den Stadtmauerresten kann jedoch nicht möglich sein. Dieser ist erst in den 1870er Jahren entstanden. Zu diesem Zeitpunkt waren die Stadtmauern, wie wir aus zahlreichen historischen Quellen wissen, jedoch schon längst abgerissen. Es ist anzunehmen, dass man wohl kaum die Unmengen Schutt irgendwo zwischenlagerte, um ihn erst Jahre später in den See zu kippen.

Der Einfachheit wegen ist dieses Abbruchmaterial damals direkt in die parallel verlaufenden Wassergräben geschüttet worden. Auch diese mussten dem Zeitgeist weichen.

Den alten Verlauf der doppelten Stadtmauern mit ihren Wassergräben kann man anhand der Konzilstraße, der Oberen und Unteren Laube entlang des Altstadtrings heute noch eindrucksvoll nachvollziehen.

Die Seehasen

(Kulturamt Konstanz, erzählt von Ulrich Büttner)

Wenn man in einem Lexikon den Begriff „Seehase" nachschlägt, stößt man zuerst auf eine Meeresschnecke mit dieser Bezeichnung, dann auf einen Fisch, aus dessen Rogen „Deutscher Kaviar" gewonnen wird. Dieser ist auch unter dem Begriff „Falscher Kaviar" bekannt. Beide Tiere kommen nicht im Bodensee vor. Umso mehr mag es den Leser verwundern, dass schon seit vielen Jahrhunderten die Bewohner des Bodensees „Seehasen" genannt werden. Woher diese Bezeichnung stammt, ist nicht eindeutig geklärt, aber manche Leute erzählen gerne eine Sage, die von den alten Römern und den Seehasen handelt.

Als Caesar 58 v. Chr. den Gallischen Krieg entfesselte, eroberte er in sieben Jahren ganz Gallien – nicht ein Dorf konnte der aggressiven Militärmacht widerstehen. Im Rahmen dieses Feldzuges geriet erstmals das Gebiet nördlich der Alpen – und damit auch der Bodensee – in den Fokus römischer Expansionspolitik. Allerdings sollte es noch einige Jahre dauern, bis Rom dort Fuß fassen konnte. 15 v. Chr. besetzten die Legionen des Kaisers Augustus das Alpenvorland. Später wurde es in die römische Provinz Rätien eingegliedert. Nun war der Bodensee ein Teil des Römischen Imperiums. Über 200 Jahre sollte Friede herrschen, bis zu Beginn des 3. Jahrhunderts die Alemannen den Limes niederrannten und tief in das Römische Reich vordrangen. Nur mit Mühe konnten sie zurückgeschlagen werden. Die Grenzen mussten allerdings zurückgenommen werden. Fortan war der Bodensee – und damit auch das römische Konstanz – Außengrenze und Vorposten des Imperiums in Mitteleuropa. Zahlreiche Kastelle in der Region sollten die Grenzen schützen. In Konstanz und am Bodensee waren Teile der 12. Römischen Legion stationiert. Jede Legion, bzw. ihre nächste Untereinheit, die Kohorte, besaß ein sogenanntes Feldzeichen bzw. eine Standarte. Eine Sage berichtet nun davon, dass die Kohorte am See als Feldzeichen einen Hasen hatte, ein schon bei den alten Römern bekanntes Symbol für Fruchtbarkeit nicht zu verwechseln mit dem Angsthasen. Diese Soldaten waren also die Hasen vom See – eben Seehasen genannt.

Als die Römer schwach geworden und sich im frühen 5. Jahrhundert endgültig aus der Bodenseeregion zurückzogen, blieb die

Erinnerung an sie lebendig: In Form des von ihnen eingeführten Weines, ihrer Sprache, ihres Rechtssystems und vieles mehr. Nicht zuletzt bezeichnen sich die Menschen am See noch immer als Seehasen. So ganz ist Rom also nie untergegangen, denn irgendwie sind wir doch alle auch Römer.

Der Reiter und der Bodensee

(Erzählt von Egon Schwär)

Reiter, Johann Elias Ridinger 1698-1767

Als "Ritt über den Bodensee" wird eine verwegene Tat bezeichnet, bei der dem Akteur erst im Nachhinein bewusst wird, wie riskant das Unterfangen war. In Unkenntnis oder Fehlinterpretation der Ballade wird diese Redensart auch gelegentlich falsch verwendet, nämlich wenn die Gefahr des Scheiterns schon im Vorfeld gesehen wird, ein hohes Risiko also bewusst eingegangen wird.

In der Ballade von Gustav Schwab, die er im frühen 19. Jahrhundert verfasste, beabsichtigt ein Reiter in Eile, den Bodensee zu erreichen, und diesen mit einem Fährkahn zu überqueren. Es ist tiefer Winter, und so verpasst er das Ufer und überquert den zugefrorenen und verschneiten See unabsichtlich, weil er ihn für eine baumlose, unbebaute Ebene hält. Am anderen Ufer angekommen erkennt er die Gefahr, in der er gewesen ist. Während verschiedene herbei gekommene Leute ihn beglückwünschen und einladen, verliert der Reiter vor Schreck die Besinnung und fällt tot vom Pferd.

Das Naturphänomen, dass der Bodensee derart zufriert, dass er sogar ein Pferd samt Reiter aushalten kann, die sogenannte „Seegfrörne", kommt sehr selten vor. Im 19. Jahrhundert nur zweimal, im 20. Jahrhundert nur einmal im Jahre 1963, die vorläufig letzte „Seegfrörne".

Sicher ist es die wunderbare Versform, die Gustav Schwab wählte, welche die Ballade bald zum Schulstoff für Generationen werden ließ. Noch heute finden sich zahlreiche Menschen, die folgende Zeilen auswendig vorsprechen können:

Der Reiter und der Bodensee

Der Reiter reitet durchs helle Tal,
Auf Schneefeld schimmert der Sonne Strahl.

Er trabet im Schweiß durch den kalten Schnee,
Er will noch heut' an den Bodensee.

Noch heut mit dem Pferd in den sicher'n Kahn,
Will drüben landen vor Nacht noch an.

Auf schlimmem Weg, über Dorn und Stein,
Er braust auf rüstigem Ross feldein.

Aus den Bergen heraus, ins ebene Land,
Da sieht er den Schnee sich dehnen wie Sand.

Weit hinter ihm schwinden Dorf und Stadt,
Der Weg wird eben, die Bahn wird glatt.

In weiter Fläche kein Bühl, kein Haus,
Die Bäume gingen, die Felsen aus.

So flieget er hin eine Meil', und zwei,
Er hört in den Lüften der Schneegans Schrei.

Es flattert das Wasserhuhn empor,
Nicht anderen Laut vernimmt sein Ohr.

Keinen Wandersmann sein Auge schaut,
Der ihm den rechten Pfad vertraut.

Fort geht's, wie auf Samt, auf dem weichen Schnee,
Wann rauscht das Wasser, wann glänzt der See?

Da bricht der Abend, der frühe, herein,
Von Lichtern blinket ein ferner Schein.

Es hebt aus dem Nebel sich Baum an Baum,
Und Hügel schließen den weiten Raum.

Er spürt auf dem Boden Stein und Dorn,
Dem Rosse gibt er den scharfen Sporn.

Und Hunde bellen empor am Pferd,
Und es winkt im Dorf ihm der warme Herd.

"Willkommen am Fenster, Mägdelein,
An den See, an den See, wie weit mag's sein?"

Die Maid, sie staunet den Reiter an:
"Der See liegt hinter dir und der Kahn.

Und deckt' ihn die Rinde von Eis nicht zu,
Ich spräch', aus dem Nachen stiegest du."

Der Fremde schaudert, er atmet schwer:
"Dort hinten die Eb'ne, die ritt ich her!"

Da recket die Magd die Arm in die Höh':
"Herr Gott! so rittest du über den See!

An den Schlund, an die Tiefe bodenlos,
Hat gepocht des rasenden Hufes Stoss!

Und unter dir zürnten die Wasser nicht?
Nicht krachte hinunter die Rinde dicht?

Und du warst nicht die Speise der stummen Brut,
Der hungrigen Hecht in der kalten Flut?"

Sie rufet das Dorf herbei zu der Mär',
Es stellen die Knaben sich um ihn her.

Die Mütter, die Greise, sie sammeln sich:
"Glückseliger Mann, ja, segne du dich!

Herein, zum Ofen, zum dampfenden Tisch,
Brich mit uns das Brot und iss vom Fisch!"

Der Reiter erstarret auf seinem Pferd,
Er hat nur das erste Wort gehört.

Es stocket sein Herz, es sträubt sich sein Haar,
Dicht hinter ihm grinst noch die grause Gefahr.

Es siehet sein Blick nur den grässlichen Schlund,
Sein Geist versinkt in den schwarzen Grund.

Im Ohr ihm donnert's, wie krachend Eis,
Wie die Well' umrieselt ihn kalter Schweiß.

Da seufzt er, da sinkt er vom Ross herab,
Da ward ihm am Ufer ein trocken Grab.

In Überlingen auf der Seepromenade nahe der Schiffsanlegestelle findet sich ein von dem Künstler Peter Lenk gestalteter Brunnen. Dieser stellt einen Eiskunstläufer auf einem alten Gaul, getragen von älteren Meerjungfrauen, dar. Der „Bodenseereiter" ist an dieser Stelle nicht unumstritten, da der Reiter den Dichterfürsten Martin Walser darstellt, der anstelle der Sporen Schlittschuhe trägt.

Wenn die Schüler von heute schon nicht mehr die Ballade von Gustav Schwab auswendig lernen, wird wohl wenigstens mit dem Denkmal im Überlinger Hafen die Erinnerung an den Bodenseereiter wach halten.

Der Bodensee – ein See mit vielen Namen

(Dominik Jost, erzählt von Ulrich Büttner)

Wer schon einmal die Möglichkeit hatte, an den Ufern des Bodensees an einem schönen Sommertag oder bei Herbststimmung zu flanieren, einen guten Wein zu trinken oder einfach nur den Sonnenuntergang zu genießen, ahnt, dass es kaum einen lieblicheren Ort zwischen Alpen und Nordsee gibt. Hier kann man den Traum vom Süden träumen, nirgendwo in Deutschland ist man dem Mittelmeer näher – geographisch und auch gefühlt. So verwundert es nicht, dass rund um den See die Menschen schon seit Tausenden von Jahren siedeln und ihre Spuren hinterlassen haben.

Der Bodensee ist bekanntermaßen der größte See Deutschlands, aber nicht – wie so oft behauptet – der drittgrößte Europas. Wenn man zu Europa selbstverständlich auch Skandinavien und den westlichen Teil Russlands zählt, rangiert der Bodensee auf Platz 16 – auf dem ersten Platz ist der mehr als 31 mal so große und bei uns relativ unbekannte Ladogasee in der Nähe des russischen St. Petersburg. Ohne Zweifel ist unser Binnengewässer aber eines der schönsten des Kontinents mit einer bewegten Geschichte. Dies lässt sich auch an seinen zahlreichen Namen ablesen, die der Bodensee im Laufe der letzten 2000 Jahre hatte.

Doch bevor wir zur Geschichte, der großen Lehrmeisterin unser aller Schicksale, kommen, erfahren wir noch etwas über die Beschaffenheit des Sees: Geographen belehren einen gerne, dass der Bodensee eigentlich aus zwei verschiedenen Seen besteht: Dem Obersee – unterteilt in Überlinger See und dem eigentlichen Obersee – und dem Untersee, die durch den Seerhein, einen Abschnitt des Rheins zwischen Alpenrhein und Hochrhein, verbunden sind.

So verwundert es nicht, dass schon die Römer, die um das Jahr 12 v. Chr. den Bodenseeraum in ihre Provinz Raetia eingliederten, den See zu Beginn begrifflich teilten: Vom römischen Geographen Pomponius Mela – dem ersten Menschen überhaupt, der den See erwähnte – wissen wir, dass um das Jahr 43 n. Chr. der Obersee Lacus Venetus und der Untersee Lacus Acronus (oder Acronius) genannt wurde. Plinius der Ältere dagegen fasste – wie wir heute – beide Teile zusammen und bezeichnete den Gesamtsee Lacus Brigantinus, benannt nach der römischen Hauptsiedlung am See, Brigantium (das heutige Bregenz). Dieser Name leitet sich wiederum von dem vor Ankunft der Römer hier siedelnden Keltenstamm der Brigantier ab. Es sind aber noch weitere römische Namen für unseren See überliefert. Manchmal wurde er in Anlehnung an Brigantinus auch Lacus Brigantiae oder Lacus Bringantia genannt. Bisweilen begegnet uns auch die Bezeichnung Lacus Rheni (Rheinsee).

Im Jahr 15 v. Chr. soll auf dem See sogar eine Schlacht zwischen Römern und Kelten stattgefunden haben, die die Invasoren aus dem Süden gewannen. Die Landnahme der Römer war also alles andere als friedlich verlaufen.

Wie die Menschen, die vor den Römern hier lebten, die Kelten und noch viel früher die Steinzeitmenschen der Pfahlbaukultur, den See nannten, ist leider nicht überliefert und wird wohl für immer im Dunkel der Geschichte verschollen bleiben.

Mittelalterliche Landkarte

In nachrömischer Zeit begegnet uns dann ein neuer Name. Walahfried Strabo, der Abt des Klosters Reichenau, nannte den See vor seiner Haustür Lacus Potamicus, was entweder auf das griechische Wort für Fluss (gemeint ist natürlich der Rhein) oder auf Bodoma, der frühere Name Bodmans, zurückzuführen ist. Der kleine Ort Bodman am westlichen Ende des Überlinger Sees war einst Sitz einer karolingischen Königspfalz, einer Burg, die dem Herrscher gehörte und die er nutzte, wenn er die Gegend besuchte. Auf Grund der überregionalen Bedeutung, die Bodman damit besaß, gab dieses Dorf im Mittelalter dem gesamten See den Namen, er wurde der „See, an dem Bodman liegt" sprich der „Bodman-See" oder „Bodamer See". Im Laufe der Jahrhunderte wurde das Wort sprachlich glattgeschliffen und zu Bodemsee umgeformt, so erstmals vom mittelalterlichen Dichter Wolfram von Eschenbach überliefert. Noch später wurde daraus der heutige Name „Bodensee".

Der Name Bodman taucht zusätzlich noch in der geographischen Bezeichnung Bodanrück auf, der Halbinsel zwischen Überlinger- und Untersee. Den See teilen sich die Länder Deutschland, Schweiz und Österreich. Kurioserweise ist die genaue Grenze zwischen den Staaten auf dem Obersee niemals festgelegt worden. Heute wird dieser Seeabschnitt ab einer Tiefe von 25 Metern von allen drei Staaten gemeinsam verwaltet, jeder hat dort die gleichen Hoheitsrechte. So ist der Bodensee ein – im doppelten Wortsinne – wunderschönes Beispiel für ein Europa, das Grenzen überwindet und zusammenwächst. Der Bodensee als ein Vorbild für Völkerverständigung – welch eine Vision!

Heutzutage bezeichnen viele Menschen den See gerne auch als „Schwäbisches Meer". Einerseits liegt er – historisch betrachtet – im Schwabenland, andererseits ist er mit Abstand der größte See Deutschlands und damit speziell für die Süddeutschen fern der Nord- und Ostsee geradezu ein kleines Meer. Die Schweizer und Österreicher pflegen auch die Deutschen kollektiv als Schwaben zu bezeichnen, egal woher aus Deutschland man kommt. In den letzten Jahrzehnten haben immer mehr wohlhabende und reiche Schwaben, nicht nur aus Stuttgart, sich eine Segeljacht mit dem dazugehörigen Grundstück am See zugelegt, nicht immer zur Freude der Einheimischen.

Abschließend noch ein paar Worte zum Namen des Sees jenseits der „deutschen Zunge": In den meisten anderen Sprachen wird der Bodensee nach der größten Stadt am See benannt, also Lake Constance (englisch), Lac de Constance (französisch), Lago di Costanza (italienisch), usw. Ein bisschen ärgert das die Konstanzer schon, denn würde „Konstanzer See" auch hierzulande nicht viel besser klingen?

Die Fischerin vom Bodensee

(Erzählt von Egon Schwär)

Historische Postkarte, um 1950

Im Bodensee wird gefischt, seit Menschen an diesem Gewässer wohnen. Neben den unzähligen Privatleuten, die täglich vor der Arbeit mit dem Fischerboot ausfahren um ihre Netze auszulegen oder nach Feierabend gerne ihre Angel in das Wasser halten, gibt es heute (2011) noch etwa 100 Berufsfischer.

Seit der Romantik wird dieses Gewerbe gerne verklärt auf Bildern dargestellt. Mit dem Tourismus am Bodensee kamen die Ansichtskarten, die oft mit Fischermotiven bedruckt waren.

Der Beruf des Fischers wurde, wie die meisten Gewerbe von jeher von Männern ausgeführt. Doch im Jahre 1947 komponierte und textete Franz Winkler (1906-1962) das Volkslied „Die Fischerin vom Bodensee". Im verkitschten Nachkriegsdeutschland mit seiner Sehnsucht nach idyllischer Friedlichkeit wurde das Lied rasch zum Gassenhauer:

Die Fischerin vom Bodensee

Die Fischerin vom Bodensee ist eine schöne Maid juche,
ist eine schöne Maid juche, die Fischerin vom Bodensee.
Und fährt sie auf den See hinaus, dann legt sie ihre Netze aus,
schon ist ein junges Fischlein drin – im Netz der schönen Fischerin.

Ein weißer Schwan ziehet den Kahn,
mit der schönen Fischerin auf dem blauen See dahin.
Im Abendrot schimmert das Boot.
Lieder klingen von der Höh' am schönen Bodensee.

Da kommt ein alter Hecht daher übers große Schwabenmeer,
übers große Schwabenmeer, da kommt ein alter Hecht daher.
Er möchte auch ins Netz hinein – möcht' bei der Maid gefangen sein,
doch zieht die Fischerin im Nu – das Netz schon wieder zu.

Ein weißer Schwan ziehet den Kahn ,
mit der schönen Fischerin auf dem blauen See dahin.
Im Abendrot schimmert das Boot,
Lieder klingen von der Höh' am schönen Bodensee.

Es kam ein junger Fischersmann mit einer Rut' drei Meter lang,
mit einer Rut' drei Meter lang kam da ein junger Fischersmann,
der wollt' der Fischerin ans Hemd, ihm gar so sehr die Hosn brennt.
Doch hatte sie die Hand am Knie, glaub' mir, so klappt das nie.

Ein weißer Schwan ziehet den Kahn,
mit der schönen Fischerin auf dem blauen See dahin.
Im Abendrot schimmert das Boot.
Lieder klingen von der Höh' am schönen Bodensee.

Vermutlich wird man selten einen Schwan sehen, der ein Fischerboot hinter sich herzieht. Doch das Lied schlug ein wie eine Bombe. Kaum jemand, der nicht die Melodie und weite Passagen des Liedtextes auswendig vortragen konnte. Die Neubach-Film aus München produzierte daher 1956 einen gleichnamigen Heimatfilm. Neben „Die Fischerin vom Bodensee" wurde dieser Film mit „Im Himmel gibt's kein Bier" und „Ohne Dich kann ich nicht leben" musikalisch untermalt. Marianne Hold, Gerhard Riedmann, Annie Roser und Joe Stöckel spielten tragende Rollen und verhalfen dem Film zu großem Erfolg.

In ihm wird die Geschichte des armen Fischermädchens Maria erzählt, deren Familie seit Generationen vom Fischfang lebt. Der reiche Fischzüchter Bruckberger will die unliebsame Konkurrenz los werden. Heimlich verliebt sich sein Sohn Hans in das schöne Fischermädchen und will sie mit Almosen unterstützen. Das Blatt wendet sich erst, als Maria mit dessen Hilfe ihren reichen Vater findet und zuletzt – wer hätte es anders gedacht – auch ihre wahre Liebe.

Um die Fischer am Bodensee zu sehen, empfehle ich, kurz nach Sonnenaufgang vom Konstanzer Hafen auf den Bodensee zu blicken. In der Morgendämmerung bieten die zahlreichen Fischerboote im „Konstanzer Trichter" ein wunderbares Fotomotiv.

Und wenn Sie genau hinsehen, können Sie vielleicht auch die schöne Fischerin vom Bodensee darunter entdecken.

Prominenz in Konstanz

Historische Ansichtskarte um 1930

Der Drei-Groschen-Kanzler

(Claudia Edelmann, erzählt von Ulrich Büttner)

In den fünfziger Jahren, als die Bundesrepublik noch in ihren Kinderschuhen steckte und die Menschen im Zeichen des Wirtschaftswunders voller Hoffnung und Zuversicht in die Zukunft blickten, begannen die Westdeutschen ihre Reiseleidenschaft zu entdecken. Viele zog es über die Alpen nach Italien, dem Land, „wo die Zitronen blühn." Andere, denen ein solcher Urlaub zu kostspielig oder zu zeitintensiv war, suchten Entspannung und Erholung in heimatlichen Gefilden.

Der Bodensee mit seiner lieblichen Landschaft und insbesondere Konstanz waren schon zu Beginn des 20. Jahrhunderts beliebte Urlaubsziele. Erst nach dem Zweiten Weltkrieg zog das Geschäft mit dem Tourismus richtig an. Sommerferien am „Schwäbischen Meer" waren – und sind – eine wunderschöne Alternative zum Ausland, getreu dem Motto Goethes „warum in die Ferne schweifen, wenn das Gute liegt so nah?" Dies sagte sich eines Tages auch der erste Kanzler der Bundesrepublik, Konrad Adenauer, als es ihn an den Bodensee zog, selbstverständlich standesgemäß in seinem 600er Mercedes.

An einem wunderschönen Sonnentag besuchte er zuerst Konstanz, um dann mit der Autofähre von Staad auf die andere Seeseite nach Meersburg überzusetzen. Wie es sich bei solch hohem Besuch stets gehört, begleitete der Bürgermeister von Konstanz den prominenten Gast. Als nun die Limousine des Kanzlers als drittes Fahrzeug auf die Autofähre fuhr, kam sogleich ein Kassierer herbei, um vorschriftsgemäß seine Pflicht zu erfüllen. Ob dieser dienstbeflissene Mann an Politik generell desinteressiert war oder einfach nur nicht genau hinsah, ist nicht bekannt.

Auf jeden Fall erkannte er Konrad Adenauer nicht und bat ihn ganz selbstverständlich um die Erstattung des Fahrpreises. Dieser soll gefragt haben: „Ja, was koste ich denn," worauf der Fährangestellte ganz unbeeindruckt kurz und bündig geantwortet hat: „30 Pfennige." Den Kanzler amüsierte die gesamte Situation. Er erwiderte spontan: „Was, mehr bin ich nicht wert?" Als die 30 Pfennige schon ihren Besitzer gewechselt hatten, kam der Konstanzer Bürgermeister mit hochrotem Kopf angelaufen, bezeichnete mit den Armen eine abwehrende Geste und rief sichtlich irritiert: „Nicht kassieren, nicht kassieren, nicht kassieren!" An seinem Tonfall konnte man deutlich hören, dass er wegen dieses Vorfalls peinlich berührt war. So deutete er in Richtung Adenauer eine Verbeugung an. Dieser saß merklich erheitert im Auto und betrachtete mit heruntergekurbelten Fensterscheiben die Szenerie.

Stoische Ruhe verbreitend konterte der gänzlich unbeeindruckte Kassierer die dreifach vorgebrachte hektische Aufforderung des Bürgermeisters mit den Worten: „Schon passiert, schon passiert, schon passiert!"

Ob der Kanzler seine drei Groschen zurückbekam ist nicht überliefert. Gleichfalls wissen wir nicht, wie der Fähre-Mitarbeiter reagierte, als er erfuhr, wen er gerade abkassiert hatte. Aber womöglich blieb er – wie schon zuvor – vollkommen unbeeindruckt. Denn zu allen Zeiten gab und gibt es Menschen, die sich von Rang und Berühmtheit ihres Gegenübers nicht beeindrucken lassen. Und so manch einflussreiche Persönlichkeit sucht gerade die Nähe solcher Menschen, da sie ihr ein Stück Normalität vermitteln, ein Gefühl, das für die Mächtigen und Berühmten dieser Welt Seltenheitswert besitzt.

Über solch besondere Begegnungen zwischen allseits bekannten und vollkommen unbekannten Zeitgenossen berichten zahlreiche Sagen und Legenden aus den unterschiedlichsten Zeitaltern und

Regionen unserer Welt, und meist sind sie unserer Geschichte vom Drei-Groschen-Kanzler nicht unähnlich.

Manche Weisheiten sind nun mal unvergänglich, manche Dinge ändern sich auch im Laufe von Tausenden von Jahren nicht.

Der Konstanzer Hans

(Richard Streng, Ulli Rothfuss)

Schwere soziale Missstände und fortgesetzte Kriege hatten im 18. Jahrhundert in Deutschland massenhafte Räuber und Bettlerscharen entstehen lassen. Diesen abgefeimten, flinken, verwegenen, mit dem Mute der Verzweiflung um ihr Leben kämpfenden Spitzbuben, stand eine lahme, kurzsichtige, bequeme und knausrige Justiz machtlos gegenüber. Besonders in den zahlreichen deutschen Kleinstaaten trat die ganze Unfähigkeit der Behörden zutage. Benachbarte Ämter blieben auf die Anzeige eines Verbrechens hin untätig, weil jedes den Schauplatz der Missetat in des anderen Jurisdiktionsbezirk verlegte. Als in der Nähe von Gellenhausen im Jahre 1809 Fuhrleute im Wald überfallen und erschlagen worden waren, erstattete das Amt über seine Tätigkeit der Regierung folgenden Bericht: „Es wurde sogleich zum Husar geschickt, um auszureiten und Kundschaft einzuziehen, wohin sich die Täter nach der Tat etwa begeben oder gewendet hätten; allein der Husar war nicht zu Hause und sein Pferd lahm. Zur Absendung einer Streife war es schon viel zu spät."

Damit war der Fall für das Amt erledigt. Die Justiz auf dem lahmen Pferde war indes noch nicht einmal die schlimmste. An anderen Orten steckte sie mit den Verbrechern unter einer Decke, und Vergütungen für falsche Pässe bildeten ein einträgliches Nebeneinkommen schlecht besoldeter Beamter. Diese Unzulänglichkeit und Unzuverlässigkeit der Behörden, die politische Ohnmacht der vielen kleinen Staaten, der häufige Wechsel der territorialen Gewalt, die Nachwirkungen der großen Kriege, mangelhafte Gesetzgebung und damit zusammenhängende Unordnung auf sozialem Gebiet ließen das Heer umherziehenden Gesindels, Landstreicher, Bettler und Hausierer ständig wachsen. Aus dieser durch und durch faulen sozialen Schicht flackerte bald da, bald dort das Räuberunwesen mächtig empor.

Eine vortreffliche Schilderung des Kampfes der Behörden gegen diese Missstände bietet eine Arbeit des Oberamtmanns Schäfer in Sulz: „Der Konstanzer Hans, eine schwäbische Gauner-Geschichte, aus zuverlässigen Quellen geschöpft und bearbeitet. Stuttgart 1787." Der Energie des Oberamtmanns Schäfer war es gelungen, den gefährlichen Einbrecher Johann Baptist Herrenberger, genannt der Konstanzer Hans, der in den Jahren 1779 bis 1783 im südlichen Schwaben und in der nördlichen Schweiz berüchtigt und gefürchtet war, unschädlich zu machen. Schäfer zeichnet in seinem Werk mit naturgetreuer Wahrheit die innere Entwicklung, die wechselvollen Schicksale des Verbrechers und die bunte Gesellschaft, in der er sich bewegte. Hier interessieren von diesen Schilderungen nur die Einwirkungen der bewährten Träger der Kultur, der Kirche und der Schule, auf die innere Entwicklung eines körperlich und geistig begabten Knaben und die Schranken, die die öffentliche Gewalt seinem gefährlichen Treiben zu ziehen wusste.

Der Schulzwang beeinträchtigte im 18. Jahrhundert das Recht der elterlichen Erziehung noch nicht. Bettlerkinder, wie der kleine Hans Herrenberger, wurden von ihren Eltern zum Betteln abgerichtet und erhielten ihren einzigen Elementarunterricht im Stehlen und Einbrechen. Herrenbergers Vater (in Konstanz geboren), ein fahrender Schuster, liebte mit unbezwinglicher Reiselust Wallfahrten in weit entlegene Länder. War er vom Grabe des Apostel oder von St. Jago in Spanien glücklich zurück, so hielt er sich in der Nähe des Klosters Allerheiligen im Schwarzwald auf, arbeitete im

Sommer als Tagelöhner, im Winter bei den Bauern als Flickschuster. In seiner Jugend hatte er Lesen und Schreiben gelernt und das war ausreichend, um im Winter auf Bauernhöfen als Schulmeister Kinder zu unterrichten.

Für den eigenen Sohn hielt er Unterricht nicht für nötig. Er schickte ihn lieber auf den Bettel und da im Kloster täglich über hundert Bettler vorsprachen, lernte der kleine Hans sein Handwerk gründlich. Er war ein heller Kopf und ging bald vom Straßen und Hausbettel zum Hausiererhandel mit geistlicher Ware über, die er den Bauern trefflich aufzuschwatzen wusste. Seine religiösen Begriffe wurden bei diesem Geschäft nicht die besten. Er hielt die Religion für eine Erfindung und ein Spiel des Eigennutzes, und hatte niemanden, der ihm eine bessere Meinung beigebracht hätte. Das Verhältnis von Staat und Kirche war zu jener Zeit ungetrübt und nicht durch Machtfragen gestört. Der Altar schützte aber den Verbrecher und erschwerte der Justiz ihre Aufgabe, der sie ohnehin nicht gewachsen war.

Ein erschütternder Auftritt in der Kirche in Rottweil wäre wohl geeignet gewesen, den jugendlichen Verbrecher von der schlimmen Gesellschaft zu trennen, der er sich, kaum 18 Jahre alt, angeschlossen hatte, um im Gedränge den Leuten die Beutel aus dem Sack zu ziehen. Es war der Festtag der heiligen Portiunkula, das Gotteshaus war gefüllt mit Andächtigen, als plötzlich ein aus dem nahen Gefängnis ausgebrochener Sträfling, nackt, mit Ketten an Händen und Füßen hereinsprang, klirrend durch die Menge rannte und am Altar, der geheiligten Freistätte, sich niederwarf. In wenigen Augenblicken war die Kirche von Bewaffneten umstellt, die dem am Altar um Hilfe Flehenden die Flucht abschnitten, während dessen Spießgesellen sich schleunigst aus dem Staub machten. Hierdurch nicht gewarnt, wurde Hans kurze Zeit danach mit einer Diebesbande in Rottenburg verhaftet.

Ein kaiserlicher Werbeoffizier fasste die kräftigen Burschen ins Auge; sie ließen sich anwerben und die Untersuchung wurde rasch eingestellt. Die Armee war damals nicht wie in unserer Zeit eine treffliche Schule für das Volk. Sie war im Gegenteil eine wirksame Freistätte für den Verbrecher. Auch der auf frischer Tat Festgenommene entging sicher den Verfolgungen der Justiz, wenn er in ein Regiment eintrat. Mit einem Rekrutentransport schwamm Hans die Donau hinunter nach Wien. Das Soldatenleben behagte ihm nicht. Er desertierte, wurde eingefangen und mit 500 gefesselten Arrestanten der Armee nach Böhmen nachgeschickt. Er desertierte wiederholt, musste Spießruten laufen und kam zur Heilung seines zerfleischten Rückens in das Lazarett nach Prag. Dort lernte er in der liederlichsten Gesellschaft in kurzer Zeit alles, was ihm zu seiner Ausbildung als Verbrecher noch fehlte. Der Friede kam, das Regiment marschierte in seine Garnison nach Freiburg; Hans wagte zum dritten Mal die Fahnenflucht und dieses Mal mit Erfolg. Er flüchtete in die wohl bekannten Schlupfwinkel auf dem Schwarzwald und bald war er der gefährliche und verwegenste Einbrecher.

Er hatte schon massenhaft Einbrüche verübt, als er, bei einem Diebstahl ertappt, in Tuttlingen in Haft genommen wurde. Zwei Jahre zuvor hatte er dort schon einmal wegen Diebstahls gesessen und war mit einer Tracht Prügel entlassen worden. Bei seiner Einlieferung erkannte der Amtmann sogleich den Missetäter wieder, den er vor zwei Jahren in Untersuchung genommen hatte. Seine Verhaftung wurde bekannt und auch das fürstlich-fürstenbergische Amt in Hüfingen verlangte wegen zahlreicher Vergehen auf fürstenbergischem Gebiete seine Auslieferung; die Sache stand schlimm für Hans, ein verwegener Fluchtversuch wurde in letzter Minute vereitelt.

Scherenschnitt, Paul Konewka 1841-1871

Zu seinem Glück gerieten sich die beiden Ämter wegen der entstandenen Kosten in die Haare. Das Amt in Hüfingen weigerte sich, die Kosten für die Bewachung des gefährlichen Verbrechers zu übernehmen, und verstand sich nur zum Ersatz der Verpflegungskosten. Über diese Weigerung verärgert, lehnte das Amt in

Tuttlingen die Auslieferung nach Hüfingen ab und ließ den Inquisiten nach einer neuen Tracht Prügel einfach wieder laufen.

Aber auch am Konstanzer Hans bewährte sich das Sprichwort vom Krug, der so lange zum Wasser geht, bis er bricht. Ein Diebstahl bei einem Krämer in Durbach in der Nähe von Offenburg im August 1783 beschloss die lange Reihe seiner Einbrüche. Der Diebstahl wurde fast unter den Augen einer Streifenpatrouille ausgeführt, die gleich darauf die Bande, mit Beute beladen, in der Nähe der damals freien Reichsstadt Gengenbach erwischte. Hans leistete verzweifelten Widerstand und schlug drei Soldaten zu Boden; Zimmerleute kamen zu Hilfe, ein Hieb mit der Axt über den Kopf streckte den Wütenden nieder. Mit auf den Rücken gebundenen Händen wurde er dem Rechtsschultheißen vorgeführt. Der Schultheiß, ein gestrenger Herr, ließ den Gefangenen in einen dunklen Kerker werfen, wo er ohne Speise und Trank gepeinigt von den Schmerzen seiner offenen Wunden sich selbst überlassen blieb.

Am dritten Tag begann das Verhör. Hans gab sich für einen Scharfrichter aus Böhmen aus. Der Schultheiß kannte aber den Vogel, den man gefangen hatte; er stellte ihn seinem Vater gegenüber, der ihn als seinen Sohn erkannte und ihn bat, die Wahrheit zu sagen. Hans leugnete. Der Schultheiß ließ ihm zehn Stockschläge aufzählen. Hans leugnete, erhielt vierzig Stockschläge und leugnete. Unter den Händen der Justiz war sein Rücken längst schwielig und gegen solche Reizmittel weniger empfindlich geworden. Seine Persönlichkeit war aber durch Zeugen festgestellt und, da Durbach zu dem badischen Amte Stauffenberg gehörte, wurde der dorthin ausgeliefert. Die Gefängnisse in Stauffenberg waren in schlechtem Zustand; auf Anordnung der badischen Regierung kam er nach Mahlberg bei Ettenheim.

Die Untersuchungshaft in Mahlberg war schlimmer als die in Gengenbach. Krumm geschlossen (in Ketten) lag er in einem

Kerker, der nur ein Meter breit und anderthalb Meter hoch war. Beim ersten Verhör schon gestand er den Diebstahl in Durbach; weitere Diebstähle stellte er in Abrede. Der Amtmann in Mahlberg war kein Freund langwieriger Untersuchungen; ihm genügte das Geständnis des Diebstahls in Durbach: er schloss sein Protokoll und legte es der Regierung vor. Nach sechs Wochen kam das Urteil; es lautete auf lebenslängliches Zuchthaus mit Aussicht auf Begnadigung bei guter Führung. Hans wurde (in Ketten) geschlossen auf einen Wagen gelegt, um in das Zuchthaus in Pforzheim abtransportiert zu werden. Inzwischen hatte aber der kaiserliche Werbeoffizier in Offenburg erfahren, dass der Verurteilte ein Deserteur des Freiburger Regiments sei.

Als der Wagen durch das letzte Dorf des damals vorderösterreichischen Gebietes fuhr, wurde dieser angehalten und Hans wurde trotz aller Einwendungen seiner Begleiter los geschlossen und einem Korporal zur Ablieferung an das Regiment übergeben. Der gelinden Haft in Freiburg hätte er sich durch Flucht leicht entziehen können; allein er wurde gut gehalten, bedurfte der Erholung und fürchtete sich nicht vor Spießruten. Er hatte alle Aussicht, mit einer geringen Strafe durchzukommen und wieder in die Kompanie eingestellt zu werden. Das Kriegsgericht trat zusammen. Jedoch vor seinem Abtransport nach Pforzheim hatte der Henker in Mahlberg dem Verurteilten den Kopf zur Hälfte geschoren; was die zahllosen Stockschläge, die er erhalten, was die vielen Diebstähle, die er verübt, nicht hatten bewirken können, bewirkte das Scheren – es machte ehrlos und zum Militärdienst untauglich. Eine starke Hand griff jetzt unvermutet in das wechselvolle Schicksal des Konstanzer Hans ein.

Der Oberamtmann Schäfer in Sulz fahndete schon lange nach dem gefährlichen Einbrecher und verlangte dessen Überführung nach Sulz. Das Regiment in Freiburg entledigte sich gern eines Menschen, mit dem es nichts anzufangen wusste. Hans wurde nach

Sulz abgeliefert. Das erste Verhör dauerte drei Tage. Eingehender Vorhalt (bedroht durch eine Waffe), verbunden mit freundlicher Behandlung, die ihm der gefürchtete Oberamtmann angedeihen ließ, und der zu Herzen dringende Zuspruch eines würdigen Geistlichen lösten ihm die Zunge. 136 Einbrüche, 100 gewöhnliche Diebstähle und einige Hundert versuchte Einbrüche innerhalb zweier Jahren verübt, wurden durch die Untersuchung festgestellt.

Von herkulischer Stärke und stets bewaffnet, hatte Hans bei seinen Einbrüchen doch niemals Gewalt an Personen verübt, weil in seinem Charakter trotz seines wilden Gewerbes ein Zug natürlicher Gutmütigkeit unverkennbar war. Nachts war er einmal in ein Pfarrhaus eingestiegen und hatte den Tisch noch mit Speisen und Flaschen besetzt gefunden. Er nahm sofort Platz, ließ sich Essen und Trinken gut schmecken und schaute behaglich im Zimmer herum, was ihm wohl am besten anstehen würde, einzupacken. Plötzlich sprang der Pfarrer, ein starker Mann, hinter einem Vorhang vor und packte ihn. In der ersten Überraschung fing Hans an, fürchterlich zu brüllen und zu fluchen. Erschreckt lief der Pfarrer davon und auch Hans machte sich schleunigst aus dem Staube. Wichtiger noch als die Geständnisse seiner eigenen Verbrechen waren seine Angaben über die ihm bekannten Räuberbanden.

Gegen hundert Diebesherbergen wurden in Württemberg und in der Schweiz ausgehoben; in der Nähe des Klosters Maria Einsiedeln konnte eine Bande festgenommen werden, die während des Pfingstfestes das Kloster anzünden und die reichen Klosterschätze rauben wollte. Seine Geständnisse waren für die öffentliche Sicherheit so wichtig und erfolgbringend, dass der Oberamtmann Schäfer bei der Landesregierung den für jene Zeit nicht ungewöhnlichen Antrag stellte, dem Konstanzer Hans das Leben zu schenken und ihn beim Amt in Sulz anzustellen. Die Regierung ging darauf nicht ein. Er wurde zu lebenslänglicher Zuchthausstrafe verurteilt und in das Zuchthaus in Ludwigsburg verbracht. Dort zeigten sich bald

Spuren eines schweren körperlichen Leidens. Er verfasste ein Wörterbuch über die Gaunersprache. Nach vierjähriger Haft wurde er unter die so genannten freiwilligen Armen in dem mit dem Zuchthaus verbundenen Waisenhaus aufgenommen.

Der ebenso tatkräftige, wie wissenschaftlich hervorragende Sulzer Oberamtmann begnügte sich in seiner Schrift nicht mit der Darstellung des Schicksals des Konstanzer Hans, sondern zeigte in praktischen Vorschlägen, deren Durchführung allerdings einer späteren Zeit vorbehalten blieb, wie das Bettler- und Räubertum ausgerottet werden könne. Er forderte in erster Linie eine Änderung des Systems der Strafen. In der Blütezeit der Galgen und Prügel befürwortete der erfahrende Beamte, der das Leben kannte und gewiss nicht übertriebener Humanität huldigte, die Einschränkung der Leibes- und Lebensstrafen und an ihrer Stelle systematische Durchführung der Freiheitsstrafen. Lebenslängliche Einkerkerung war seiner Ansicht nach weit mehr gefürchtet als die grausamste Hinrichtung.

Sehr wertvoll sind Schäfers Gedanken über den Vollzug der Freiheitsstrafen, besonders über die Trennung der Gewohnheitsverbrecher von den übrigen Sträflingen. Mit dem Zuchthaus solle ein Arbeitshaus verbunden sein, das den Sträflingen bei gutem Verhalten von Stufe zu Stufe gelinderer Haft und schließlich der Freiheit entgegen zu führen habe. Besondere Fürsorge verlangte er für die Kinder von Bettlern und Verbrechern, die rechtzeitig den Eltern weggenommen und gegen gutes Kopfgeld gewissenhaften Bürgern zur Erziehung übergeben werden sollen. Präventivmaßregeln zur Verhütung des Verbrechens hielt er mit Recht für wichtiger als die Bestrafung der begangenen Tat. Sein Strafensystem huldigte nicht mehr ausschließlich dem Abschreckungszweck, sondern strebte die Besserung der Bestraften an und förderte dadurch eine sittliche Hebung des ganzen Volkes.

Abraham als Ketzer
(Delphinkreis, erzählt von Ulrich Büttner)

Im Konstanzer Münster, unserer altehrwürdigen ehemaligen Bischofskirche, befindet sich auf der linken Seite in der Mitte des Hauptschiffs eine wunderschön geschnitzte Barockkanzel, die im Jahre 1680 erschaffen wurde. Getragen wird diese Kanzel von einer Figur, die eine belebte Geschichte hinter sich hat. Sie wirkt knorrig und ist aus Eichenholz gearbeitet. Die biblische Gestalt des Abraham mit einem Schaf zu dessen Füßen stellt sie dar, auf den sich sowohl Judentum, Christentum als auch der Islam als Stammvater berufen. So entstand für alle drei die Bezeichnung abrahamitische Religion. Von wem dieser geschnitzte Abraham erschaffen wurde, ist nicht eindeutig überliefert.

Allerdings verloren die Menschen im Laufe der Zeit das Wissen um diese Skulptur. Im 18. Jahrhundert fing man an, in ihr eine Abbildung von Jan Hus zu sehen. Dieser Hus war im frühen 15. Jahrhundert ein böhmischer Reformator, der trotz der Zusage freien Geleits von Seiten der Kirche und des Kaisers auf dem Konzil von Konstanz vor Gericht gestellt, verurteilt und vor den Toren der Stadt lebendigen Leibes verbrannt wurde.

Damit hatte man für seine zahlreichen Anhänger einen Märtyrer geschaffen, seine aber mindestens ebenso zahlreichen katholischen Gegner sahen in ihm einen gefährlichen Ketzer, einen Verbreiter von Irrglauben. Warum man nun auf einmal die Abrahamsfigur mit diesem Reformator verwechselte, ist unklar. Womöglich wurden die Konstanzer durch zur damaligen Zeit veröffentlichte Portraits des Jan Hus getäuscht. In der Tat ist eine gewisse Ähnlichkeit nicht von der Hand zu weisen. Die Anwesenheit einer solchen Ketzerdarstellung in der Bischofskirche erklärten sich zahlreiche Katholiken der Stadt, indem sie annahmen, Hus müsse nun symbolisch für seine begangenen „Untaten" bis in alle Ewigkeit die Last der Kanzel tragen.

Die Menschen beließen es aber nicht damit, über diesen „Hus" nur zu spötteln. Früh fingen sie damit an, dieses scheinbare Abbild eines Erzketzers zu bespucken. Im Jahre 1767 soll ein 9-jähriges Mädchen gar die Nase mit einem Messer attackiert haben. Die Geistlichkeit, selbst ein Bischof, schritt nicht ein, da auch sie nicht um die wahren Umstände wusste.

Als 1777 Kaiser Joseph II., ein aufgeklärter Herrscher und Vorkämpfer für religiöse Toleranz, Konstanz, das „Pfaffennest" wie er es nannte, besuchte, war er von diesem offensichtlichen Vandalismus entsetzt. Sofort ordnete er an, die Figur zu reinigen und sie bei hoher Strafandrohung fortan nicht mehr zu verunstalten. Offensichtlich hielten sich die Konstanzer daran.

1833 wurde der Kanzelträger in das Konzilsgebäude, das einstmalige Konstanzer Kaufhaus, gebracht, um Bestandteil einer Ausstellung über das Konstanzer Konzil zu werden. In dieser Zeit setzte sich auch allmählich wieder das Wissen durch, dass ursprünglich nicht Hus, sondern Abraham gemeint war. 30 Jahre später zog Abraham für eine lange Zeit in die Ausstellungsräume des Rosgartenmuseums um. Mitte des 20. Jahrhunderts verschwand er im Museumsdepot auf dem Speicher und erst 1984 fand er wieder zurück in die Kirche. Mittlerweile glaubte niemand mehr daran, dass Jan Hus dargestellt sei. Auch wird die Statue nicht mehr bespuckt oder sonst wie „geschändet". Heute wird nur noch diese Schnitzkunst des Barock bewundert und über die Bedeutung Abrahams für drei Weltreligionen philosophiert. Nur wenige Holzfiguren haben solch eine bewegte Geschichte aufzuweisen. Auch Jan Hus ist längst kein Feindbild mehr. Ebenfalls seit 1984 ist das tschechische Tabór, die frühere Hauptstadt der Hussiten, Partnerstadt von Konstanz. Aus Feinden sind Freunde geworden. Die Zeiten ändern sich – und manchmal nicht zum Schlechten.

Friedrichs II. sagenhafter Zug nach Konstanz
(Herbert Nette, erzählt von Ulrich Büttner)

In einer Zeit, die der moderne Mensch häufig mit einem gewissen wohligen Schauer als „das dunkle Mittelalter" bezeichnet, trug sich eine Geschichte zu, die auf das Engste mit Konstanz, der Metropole des Bodensees, verbunden ist. Aber weit über die Grenzen dieser lieblichen Stadt hinaus Auswirkungen auf die Historie Europas hatte. Wir wollen nun von einer der aufregendsten Begebenheiten aus dem Leben des jungen Stauferkönigs Friedrich II. berichten, wie er durch einen Gewaltritt auf dem Pferderücken durch ganz Italien bis nach Konstanz ein Reich gewann und sich so den Weg zur Kaiserkrönung ebnete.

Vielleicht ist dieser Friedrich der Zweite, ein Enkel des berühmten Kaisers Friedrich Barbarossa, die faszinierendste Herrschergestalt des gesamten Mittelalters. Für seine damalige Zeit zeichnete er sich als ein wahrer Kosmopolit aus. Seine Mutter war eine Normannin, Konstanze von Sizilien, sein Vater der römisch-deutsche Kaiser Heinrich VI. So war er halb Normanne, halb Deutscher, lebte aber als König von Sizilien die meiste Zeit seines Lebens in Süditalien. Er sprach mehrere Sprachen: Italienisch, Latein, Deutsch, Französisch, Griechisch und Arabisch. Ihn interessierten Naturwissenschaften, Kunst und Philosophie, er beschäftigte sich sogar mit dem Islam und schrieb ein Buch über die Falkenjagd.

Vielen seiner Zeitgenossen war er suspekt, für manche war er schier der „Antichrist". Aber nicht wenige nannten ihn ehrfurchtsvoll und bisweilen auch mit etwas Befremden „das Staunen der Welt". Irgendwie passte er mit seinen Interessen und Ideen nicht so recht in seine Zeit. So bezeichnete man ihn später als einen der ersten modernen Menschen – manche behaupten, er war erwacht, als die Welt noch den Schlaf des Mittelalters schlief.

Friedrich II., Historischer Stich

Im Jahre 1212 weilte nun der 17-jährige König Friedrich in seinem süditalienischen Reich, als sein Widersacher, der welfische Gegenkaiser Otto IV. mit einem überlegenen Heer vor den Toren Siziliens stand, um es für sich zu erobern und mit den Staufern endgültig abzurechnen. Friedrichs Lage erschien hoffnungslos, bis Papst Honorius III. ihm beistand und den Kirchenbann über Otto aussprach. Otto blieb nichts anderes übrig, als den Rückzug nach Deutschland über die verschneiten winterlichen Alpenpässe anzutreten.

Auf dem Weg durch Italien verweilte Friedrich ein paar Tage in Rom, um dann mit dem Schiff nach Genua weiterzureisen. Auf seinem weiteren Zug entging er nur knapp den Häschern Ottos, indem er den Fluss Lambro bei Cremona auf einem ungesattelten Pferd durchschwamm. Als er weiterzog, fand er den Brennerpass von einer feindlichen Armee versperrt. Er wich auf die schwer zugänglichen Engadinpässe aus und erreichte Chur. Noch immer war er nur mit wenigen Gefolgsleuten unterwegs. Jederzeit drohte ihm die Gefangennahme oder gar der Tod durch die welfischen Truppen, die nach ihm suchten. Erst in St. Gallen stand eine päpstliche Verstärkung von 300 Reitern für ihn bereit. Auf dem letzten Teilstück seines Zuges trieb er seine Mannen zu einem Gewaltmarsch Richtung Bodensee an, denn er wusste, dass ihm die Zeit davonlief. Sein Ziel war Konstanz, die alte Bischofsstadt. Von hier aus wollte er seine Königsherrschaft über Deutschland durchsetzen.

Die Konstanzer hatten sich schon auf königlichen Besuch eingestellt – allerdings erwarteten sie Otto, der unweit entfernt auf der anderen Seeseite in Überlingen mit seinem Heer lagerte, sich ebenfalls Konstanz näherte und Friedrich daran hindern wollte, deutschen Boden zu betreten. Doch nun stand der Staufer vor den südlichen Toren der Stadt. Zuerst wollte man ihn nicht hereinlassen, erst als der Konstanzer Bischof erfuhr, dass Otto vom Papst gebannt worden war, öffnete man dem jungen Herrscher die städtischen Pforten. Wenn Friedrich nur ein paar Stunden später angekommen wäre, hätte er Otto und dessen Armee in der Stadt vorgefunden. Dies wäre wahrscheinlich das Ende seiner Ambitionen gewesen, römisch-deutscher König und Kaiser zu werden. Die Geschichte Deutschlands und Europas wäre womöglich anders verlaufen.

Manchmal entscheiden wenige Stunden über die Zukunft und damit über der Verlauf der Geschichte.

Mit Konstanz als Basis gewann er praktisch ohne Schwertstreich in kürzester Zeit die alten staufischen Erblande seiner Vorväter am Oberrhein und in Schwaben für sich. Der Süden Deutschlands sah in ihm den legitimen Herrscher, Otto musste sich in den Norden zurückziehen und sollte nie mehr seine Herrschaftsansprüche durchsetzen.

An diese Episode der Geschichte erinnert ein zum Kaiserbrunnen gehörendes bronzenes Pferd auf der Marktstätte, dem zentralen Platz in der Konstanzer Innenstadt. 1990 von dem Bildhauer Gernot Rumpf aufgestellt, besitzt es eine anatomische Kuriosität: Es hat acht Hufe – eine Anspielung auf den Gewaltritt des jungen Königs von Apulien bis an den Bodensee. Bis vor ein paar Jahren konnten Besucher des Pferdes eine feuchte Überraschung erleben: In Intervallen spritzte es aus hier nicht weiter zu beschreibender Öffnung Wasser. Doch mittlerweile ist das „Tier" vollkommen trocken.

Unbestreitbar faszinierte die Menschen die Strahlkraft des Namens „Staufen", die Schönheit und gewinnende Art des jungen Kaisers, aber auch die Exotik seiner südländischen Herkunft. Er wurde von seinen Anhängern wie ein Heilsbringer aus einem fernen Land gefeiert, von seinen Gegnern aber als Feind der Christenheit verteufelt.

Und so abenteuerlich wie seine Reise nach Konstanz verlief, so ging es in seinem Leben weiter. Er wurde zum Feind des Papstes, schuf den ersten modernen Beamtenstaat des Mittelalters, war der Bauherr des Castel del Monte, jenes geheimnisvollen achteckigen Schlosses in Apulien, wurde Anführer eines Kreuzzugs und eroberte Jerusalem ohne Blutvergießen, indem er mit den muslimischen Herrschern verhandelte. Schließlich wurde er auch König von Jerusalem und Förderer der Wissenschaften.

Als Friedrich im Alter von 55 Jahren im Dezember 1250 starb, dauerte es nicht lange, bis die Menschen in Deutschland sich erzählten, er wäre gar nicht gestorben, sondern sei in den Kyffhäuserberg entrückt und schlafe, um eines Tages wieder zu erwachen, wenn das Reich in höchster Gefahr sei. Dann würde er es als Retter wieder zu altem Glanz und alter Stärke führen. Damit war die Kyffhäuserlegende geboren, doch davon wollen wir ein andermal erzählen.

Napoleons Erben auf der Reichenau
(Erzählt von Egon Schwär)

Napoleon III. (1808 bis 1873) wurde am 20. April 1808 unter seinem ursprünglichen Namen Charles-Louis-Napoleon Bonaparte in Paris geboren. Er wuchs zeitweise im Schloss Arenenberg auf.

Arenenberg ist ein idyllisches Schloss nahe Konstanz. Es liegt am Untersee mit direkter Sicht zur Insel Reichenau. Heute gehört es zur Gemeinde Salenstein im Kanton Thurgau/Schweiz.

Das Schloss wurde Anfang des 16. Jahrhunderts vom Konstanzer Bürgermeister Sebastian Geissberg (1546 bis 1548 Bürgermeister) erbaut. An seiner Stelle stand zuvor ein Bauernhof namens Narrenberg. Der Name schien dann den späteren Bewohnern der Gegend nicht mehr genehm, und so wurde mehr und mehr Arenenberg gebraucht. Vielleicht mit Bezug auf den Abhang vor dem Schloss zum See, der Arnhalde. Ganz durchgesetzt hat sich der Name Arenenberg jedoch erst im 18. Jahrhundert, ebenfalls unter der Schreibweise Arenberg. 1585 wurde das Gut, damals im Besitz von Hans Konrad von Schwarach, von der Eidgenossenschaft zum Freisitz erhoben. Nach mehrmaligem Besitzerwechsel wurde das Schloss im 18. Jahrhundert von der Familie von Streng erworben.

Historische Bedeutung erlangte das Anwesen als Wohnsitz der vormaligen holländischen Königin Hortense de Beauharnais (1783 bis 1837). Sie war die Mutter von Charles-Louis-Napoleon Bonaparte. Hortense war die Tochter von Alexandre Vicomte de Beauharnais und Joséphine Tascher de la Pagerie. Nach der Hinrichtung ihres Vaters während der Terrorherrschaft und der Heirat ihrer Mutter mit Napoleon Bonaparte wurde sie dessen Stieftochter. 1843 verkaufte Charles-Louis-Napoleon Bonaparte das Schloss an Heinrich Keller, doch 1855 kaufte seine Frau Eugénie das Gut zurück und ließ es 1855 und 1874 erneut renovieren und teilweise umbauen. Nach dem Tod Napoleons III. besuchte Eugénie noch mehrmals Arenenberg und schenkte es schließlich 1906 dem Kanton Thurgau.

Charles-Louis-Napoleon Bonaparte war der Sohn von Louis Bonaparte (1806–1810 König von Holland) und somit der Neffe Kaiser Napoleons I. Obwohl es in der heutigen Forschung keine Zweifel gibt, hält sich hartnäckig das Gerücht, Louis Bonaparte sei nicht der leibliche Vater. Die Vaterschaft wurde Carel Hendrik Graf Verhuell zugeschrieben. Belegt ist, dass Graf Verhuell und Hortense de Beauharnais eine Freundschaft verband, aber ebenso belegt ist dessen Verbleib in Holland, während Hortense und Louis in Paris weilten.

Einen Großteil seiner Jugend verbrachte Charles-Louis-Napoleon Bonaparte abwechselnd in der Schweiz auf Schloss Arenenberg, auf dem Anwesen Seeheim bei Konstanz am Bodensee und in Augsburg. Er sprach deshalb perfekt Schweizerdeutsch. Seine Schulzeit verbrachte er in Augsburg, zunächst bei Privatlehrern und dann von 1821 bis 1823 am Gymnasium bei St. Anna. 1829 ging er an die Artillerieschule von Thun, diente später als Artillerieoffizier in der Schweizer Armee und erhielt 1832 die Schweizer Staatsbürgerschaft als Ehrenbürger des Kantons Thurgau. Dies erlaubte ihm gleichzeitig die französische Staatsbürgerschaft zu behalten.

Charles-Louis-Napoleon Bonaparte war der Cousin von Napoleon Franz Joseph Karl Bonaparte, Herzog von Reichstadt, der von den Bonapartisten als Napoleon II. betrachtet wird. Nach dessen Tod wurde Charles-Louis-Napoleon Bonaparte der erste Anwärter auf die Kaiserkrone.

Er kehrte nach der Februarrevolution 1848 nach Frankreich zurück und versuchte nun, auf demokratischem Wege die Macht zu gewinnen. Im Dezember gewann er bei der Präsidentschaftswahl gegen den bisherigen Präsidenten Louis-Eugène Cavaignac mit über 74% der gültigen Stimmen. Grundlage dafür war sein Programm einer gefestigten Regierung, sozialer Konsolidierung und nationaler Größe. Am 20. Dezember 1848 übernahm er die Amtsgeschäfte.

Bereits im April 1849 entsandte Charles-Louis-Napoleon Bonaparte Truppen nach Italien, um die weltliche Herrschaft des Kirchenstaates wiederherzustellen. Diese konnten nach einer anfänglichen Niederlage am 30. April schließlich am 2. Juli in Rom eindringen. Durch häufigen Wechsel der Regierungen gelang es ihm, seine Position zu stärken und die Ministerien mit Männern zu besetzen, die ihm gegenüber loyal waren.

Kurz vor dem Ende seiner Amtszeit führte Charles-Louis-Napoleon Bonaparte am 2. Dezember 1851 einen Staatsstreich durch. In Folge des Staatsstreiches kam es zu blutigen Kämpfen in ganz Frankreich, die er am 5. Dezember schließlich für sich entscheiden konnte. Am 21. Dezember ließ er eine Volksabstimmung über eine neue Verfassung, die ihm diktatorische Vollmachten gewährte, durchführen. Dabei stimmten 92% für ihn.

Am 21. November 1852 wurde eine Volksabstimmung zur Wiederherstellung des Kaisertums durchgeführt. Dabei stimmten 96% für ihn. Charles-Louis-Napoleon Bonaparte ließ sich daraufhin am 2. Dezember 1852 zum Kaiser der Franzosen, Napoleon III., ausrufen.

Um seiner engen Verbundenheit mit der Bodenseelandschaft Ausdruck zu verleihen, ließ er im Bois de Bologne, einem Pariser Stadtpark, einen Teich ausheben. Ihm gab er den Namen Lac de Constance, der französischen Bezeichnung des Bodensees.

Damit hatte er sich en miniature eine Kopie seines geliebten Bodensees in seinen Stadtpark errichten lassen. Der nationalbewusste Franzose kann bis heute behaupten, dass der Bodensee ein Teil

Frankreichs ist. Aber auch jeder Nichtfranzose kann noch heute mitten in Paris ein Stück Bodensee genießen.

Napoleon III., Stich 19. Jahrhundert

Napoleon III. führte etliche Kriege, so den Krimkrieg, den Sardinischen Krieg, die Intervention in Mexiko und den Deutsch-Französischen Krieg. In der Schlacht von Sedan am 2. September 1870 wurde der Kaiser durch die Preußen gefangen genommen und durch die Ausrufung der Dritten Republik zwei Tage später in Paris abgesetzt.

Napoleon III. ging nach dem Ende des Krieges ins Exil nach Großbritannien. Am 19. März 1871 verließ er Schloss Wilhelmshöhe, wo er durch die Preußen festgesetzt worden war, und erreichte am 21. März Chislehurst, heute Teil des Stadtbezirkes London Borough of Bromley. Von dort aus plante er erneut in Frankreich zu landen. Diese Pläne wurden aber durch seinen Tod zunichte gemacht.

Am 3. und 6. Januar 873 hatte Napoleon sich Operationen zur Entfernung seiner Blasensteine unterzogen. Am 9. Januar sollte er erneut operiert werden. Das im Zuge der Operationen verabreichte Chloroform, dessen Nebenwirkungen damals noch nicht bekannt waren, führte aber in Verbindung mit der Schwächung Napoleons durch die Krankheit zum Herzversagen. Seine letzten Worte sollen „Étiez-vous à Sedan?" („Waren Sie in Sedan?") gelautet haben, nach einer anderen Quelle sagte er allerdings „Henri, Du warst bei Sedan?" zu seinem Arzt Henri Conneau. Napoleon III. ist in der kaiserlichen Krypta der Sankt-Michaels-Abtei in Farnborough, Hampshire in England, begraben, wo auch seine Frau und sein einziger Sohn, der 1879 im Zulukrieg gefallene Napoleon Eugène Louis Bonaparte, zur letzten Ruhe gebettet wurden.

Soweit die offizielle Geschichtsschreibung. Auf der Reichenau, der einzigen Unterseeinsel, die gegenüber Schloss Arenenberg gelegen ist, kocht bis heute die Gerüchteküche. Napoleon III. soll in seiner Zeit, in der er auf dem Arenenberg lebte, auf der Reichenau einige Liebschaften gehabt haben. Nicht alle davon blieben folgenlos. Er soll einige Nachkommen auf der Gemüseinsel gezeugt haben. Bis heute gibt es einen kleinen Kreis von Menschen, die sich wegen ihres blauen Blutes aus Napoleons Adern rühmen, darunter auch regional bekannte Persönlichkeiten, wie man in einem Lokalblatt nachlesen konnte.

Schloss Arenenberg mit Park, historische Ansicht um 1920

Heute befindet sich im gut erhaltenen Schloss Arenenberg das Napoleonmuseum. Es besteht weitgehend aus der Originalmöblierung. Die dazugehörigen Wirtschaftsgebäude beherbergen das Thurgauer land- und hauswirtschaftliche Bildungs- und Beratungszentrum. Im Jubiläumsjahr 2008, zum 200. Geburtstag von Napoleon III., dem französischen Kaiser mit Schweizer Pass, wurde auch der dazugehörige Schlosspark weitgehend wiederhergestellt. Parallel zu der ständigen Schlossausstellung fand auch im benachbarten Konstanz eine Ausstellung zu der vergangenen Epoche der Familie Bonaparte in ihrem Exil am Bodensee statt. Ein Triebwagen, der zwischen Konstanz und der Schweiz pendelt und direkt entlang dem Bodensee am Schloss Arenenberg vorbeifährt, wurde dazu 2008 auch werbewirksam Napoleon III. getauft.

Ein Playboy in Nöten

(Erzählt von Ulrich Büttner)

Gunter Sachs war einer der letzten berühmten Playboys Deutschlands, dabei irgendwie noch alte Schule, eben ein Gentleman-Playboy. Wenn er nicht gerade mit dem anderen Geschlecht anbandelte, verbrachte er seine Freizeit als Fotograf, Dokumentarfilmer, Kunstsammler und Astrologe. Diesen kostspieligen, extrovertierten Lebensstil konnte er sich mühelos finanzieren, da er Erbe der deutschschweizerischen Industriellenfamilie Sachs war. Sein Großvater Ernst Sachs, ein gebürtiger Konstanzer, war Mitgründer des Unternehmens „Fichtel und Sachs", das die Grundlage des Familienreichtums werden sollte. Produziert wurde unter anderem Zubehör für Autos und Zweiräder aller Art, insbesondere die robusten Sachs-Motoren, die nach dem Zweiten Weltkrieg in zahlreichen Motorrädern zu finden waren.

Ernsts Sohn Willy Sachs, der die Firma übernahm, heiratete 1925 Elinor von Opel, die Tochter von Wilhelm von Opel und Enkelin des Opel-Gründers Adam Opel. 1932 erblickte ihr gemeinsamer Sohn Gunter das Licht der Welt. Dieser allerdings interessierte sich als Erwachsener weniger für das Geschäft als für die angenehmen Seiten des Lebens: Gutes Essen, gute Weine, Urlaub und Leben in Südfrankreich. Den zuvor kleinen Fischerort St. Tropez machte er bekannt und erschloss ihn für die Jet Set Society der Welt. Schöne Frauen interessierten ihn besonders. Die Liste seiner „Eroberungen" ist lang, den Sommer 1962 verbrachte er beispielsweise mit der persischen Exkaiserin Soraya. In dieser Zeit propagierte er auch die „freie Liebe."

Weltberühmt wurde er durch seine Ehe mit der französischen Schauspielerin und Sängerin Brigitte Bardot, in den sechziger Jahren das weibliche Sexsymbol und Männertraum schlechthin.

Zu Konstanz hatte Gunter Sachs über seinen Großvater familiäre Bindungen und wann immer er in der Gegend war, besuchte er gerne diese Ecke des Bodensees. Als er mit seiner damaligen Freundin mal wieder in der ehemaligen Bischofsstadt zu Gast war, suchte er das berühmte Lokal „Stephanskeller" auf, um darin zu dinieren.

Diese Gaststätte befindet sich noch heute direkt gegenüber des Nordeingangs der Stephanskirche, der ältesten Pfarrkirche von Konstanz, die erstmals im Jahre 613 erwähnt wurde. Der Name „Stephanskeller" leitet sich von diesem alten Gotteshaus ab. Auch hier kann man die bewegte Geschichte unserer Stadt nicht nur sehen, sondern geradezu erspüren.

In den siebziger Jahren des 20. Jahrhunderts gehörte dieser Gourmettempel einem der bekanntesten Köche Deutschlands – Bertold Siber.

Gunter Sachs wusste um die exquisite Speise- und Getränkekarte des Stephanskellers und wollte seiner Freundin nun diese Lokalität nahebringen. Nachdem sie ausgiebig gespeist und getrunken hatten, wurde Gunters Freundin dabei beobachtet, wie sie versuchte, heimlich das Restaurantsilber in ihrer Handtasche verschwinden zu lassen. Warum sie dies tat, ist nicht bekannt. Geldnöte an der Seite des berühmt-reichen Playboys können es wohl nicht gewesen sein. Als Bertold Siber über diesen Zwischenfall in Kenntnis gesetzt worden war, ging er mit Zornesröte im Gesicht auf das Paar zu und schmiss höchstpersönlich die beiden aus seinem Lokal. Die anderen Gäste und das Personal staunten dabei nicht schlecht. Für den berühmten Koch wie auch für das beschauliche Konstanz war das dann doch ein recht ungewöhnlicher Skandal.

Wenige Tage später war diese Geschichte der Zeitung mit den vier Buchstaben sogar eine fette Schlagzeile wert. Gunter Sachs wie auch seine Freundin äußerten sich verständlicherweise zu diesem peinlichen Vorfall nur ungern. Immerhin ist ihm etwas Vergleichbares zuvor und auch danach nie wieder passiert.

Am 7. Mai 2011 erschoss sich Gunter Sachs in seinem schweizer Haus, nachdem er erfahren hatte, dass er an der unheilbaren Krankheit Alzheimer erkrankt war. So beendete er sein Leben, wie er es geführt hatte – selbstbestimmt.

Kaufleute aus Lodi verkleiden sich als Pilger

(Erzählt von Egon Schwär)

Die Beziehungen zwischen der ehemaligen Bischofsstadt und freien Reichsstadt Konstanz und der alten Bischofsstadt Lodi in Italien reichen bis in das frühe Mittelalter zurück. Als Kaiser Friedrich Barbarossa im März 1152 einen Reichstag in Konstanz abhielt, kamen zwei als Pilger verkleidete Kaufleute aus Lodi zu ihm und baten den Herrscher um Hilfe gegen die lombardische Metropole Mailand, die ihre Stadt bedrängte.

Barbarossa gewährte ihnen diese Hilfe, aber die Mailänder ließen sich vom kaiserlichen Machtgehabe nicht beeindrucken und zerstörten 1158 ihre kleinere Nachbarstadt völlig. Daraufhin legte Friedrich Barbarossa den Grundstein für eine neue Stadt Lodi: Die heutige Partnerstadt von Konstanz.

Pilgerdarstellung, Jost Ammann 1531–1591

Moderne Legenden

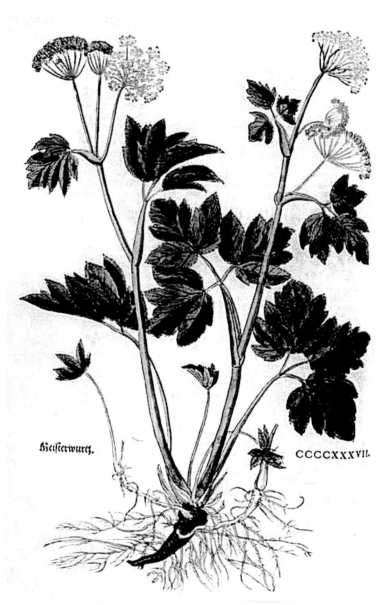

Meisterwurz, Leonhart Fuchs 1501-1566

Die Meisterwurz

*(E. Hoffmann-Krayer und H. Bächtold-Stäubli,
Rolf Wilhelm Brednich, Egon Schwär)*

Die Meisterwurz (Astrenze, Strenze, Peucedanum ostruthium, veraltet: Imperatoria ostruthium) ist ein Doldenblütler mit derben, fast lederartigen, dreizähligen Blättern, deren Abschnitte etwa eiförmig sind. Die Blüten sind weiß, manchmal auch rötlich überlaufen. Sie kommt in den Alpen und in den deutschen Mittelgebirgen vor. Als im Volk hochgeschätzte Heilpflanze wird sie auch ab und zu in Bauerngärten gezogen. Die Meisterwurz ist eine spezifisch deutsche Heilpflanze, in der Antike ist sie nicht nachzuweisen.

Wie vielen anderen Doldenblütlern (z.B. Dill, Kümmel, Liebstöckel) so werden auch der Meisterwurz wegen des stark aromatischen Geruches Unheil abwendende Eigenschaften zugeschrieben. Vor allem in der Schweiz gilt sie als Mittel gegen das Behextwerden und ist ein Bestandteil von Hexenpulvern (zu Räucherungen) usw. Die Meisterwurz wird in der Johannisnacht ausgegraben und auf den oberen Querbalken der Stalltüre gelegt. Überhaupt dient sie mit Vorliebe im Stallzauber. Wenn eine Kuh verzaubert ist, dass sie keine Milch gibt, reicht man ihr Knoblauch, Meisterwurz und gesalzenes Brot. Meisterwurz dient auch zur Beruhigung der Pferde. Der Kuh, die ein Kalb geboren, gibt man unter anderem einen Schnitt Brot mit Meisterwurz, das "Weisat". Im Gsießtal (Tirol) wird an Weihnachten mit Meisterwurz geräuchert. Am 5. Januar wird in der Kirche nach der Litanei unter anderm auch Meisterwurz geweiht, die dann das Vieh bekommt. In Dänemark gilt die Meisterwurz als Mittel gegen Behexung.

In der Sympathiemedizin erfreut sich die Meisterwurz großer Beliebtheit, beispielsweise als Amulett. Sie wird zusammen mit der ebenfalls zu den Doldenblütlern gehörenden Bibernelle ab und zu im "Pestspruch" genannt. Gegen Schwäraugen hängt man einen

Meisterwurzstengel um den Hals. Mit Vorliebe wird sie auch auf eiternde Wunden gelegt, sie soll Kugeln oder Pfeile herausziehen. Drei Pfeifen getrocknete Meisterwurz geraucht, vertreibt Kopf- und Zahnschmerzen. Gegen Augenkrankheiten hängt man eine ungerade Zahl von Wurzeln, meist sieben oder neun, um den Hals, auch zahnenden Kindern hängt man Meisterwurz um. Nach einem alten Arzneibuch soll man die Meisterwurz am Karfreitag oder an einem Freitag im Neumond graben, sieben Stücklein davon nehmen und eben soviel von einer Totentruhe, worin eine Kindbetterin gelegen, und das dem Schwindsüchtigen anhängen. In der "gelehrten" Sympathiemedizin wird gegen Husten und Katarrhe die bei zunehmendem Mond gegrabene Meisterwurz auf den Rücken gebunden und dann in den Fluss geworfen. An die Daumen und Zehen gebunden ist sie ein Mittel gegen Epilepsie.

Die Meisterwurz ist also eine allseits bekannte Pflanze, die man für allerlei Heilzwecke nutzen kann. Einer jedoch ist in der Literatur nicht zu finden und zeigt uns, wie Sagen auch in jüngerer Zeit entstehen können. Eine Diplom-Psychologin (56 Jahre) aus Wien schreibt in einem Brief am 7. Mai 1990 an Rolf Wilhelm Brednich: "Mein Sohn besuchte mit mir zusammen 1976 auf der Planneralm in der Steiermark einen botanischen Kurs. Wir lernten dort eine Wurzel kennen, die nur dort wächst und von den Einheimischen auf verschiedene Weise als Potenz- und Stärkungsmittel benutzt wird: die Meisterwurz. Es handelt sich um eine Art wilden Sellerie. Mein Sohn, damals 15 Jahre alt und Gymnasiast in Konstanz, grub sich eine größere Menge dieser Wurzeln aus, hackte sie in halbfingerlange Stücke und setzte dann in seiner Schule das Gerücht über eine neue Potenzwunderwurzel in Umlauf. Im Verein mit dem Pedell setzte er die Dinger für fünf Mark pro Stück rasch ab. Auf die Frage, ob die Wurzeln auch geholfen hätten, pflegte er zu antworten: Mir schon! Diese Geschichte erzählte ich im Burgenland weiter, und ein oder zwei Jahre später hörte ich sie fast genauso wieder, nur spielte sie jetzt bereits im Burgenland, und der Preis der Wurzeln hatte sich von fünf Mark auf fünfhundert Schilling gesteigert."

Welche wundersamen Kräfte man der Meisterwurz auch nachsagen mag, für eines ist sie sicher zu gebrauchen: Zum Aufschneiden sagenhafter und durchaus unterhaltsamer Geschichten.

Das nackte Ärschle

(Mündliche Überlieferung, erzählt von Egon Schwär)

Geht man im ältesten Konstanzer Stadtteil Niederburg flanieren, kann man so allerlei Kurioses entdecken. Besonders idyllisch ist es in der St.-Johann-Gasse. Sie wird gerne als Abkürzung gewählt, stellt sie doch die kürzeste Verbindung zwischen dem Geschehen der Niederburg und der Altstadt dar. Dem interessierten Besucher fällt bald zwischen den beliebten Trinklokalen „Brauhaus Albrecht" und „Die Cocktailbar" an einem der Häuser über der Eingangstüre eine kleine Figur auf.

Sie stellt einen wohl geformten Hintern dar. Obwohl die Figur erst mit den Oberschenkeln beginnt und bereits beim Rücken endet, ist ihre Schönheit klar zu erkennen. Sie ist ein Teil eines wunderbaren Frauenkörpers, der gerne zu erotischen Gedanken anregt.

Sie wurde in den 1980er Jahren aus Sandstein durch einen Steinmetz der Münster-Bauhütte im Auftrag des Hausherrn gefertigt und an dieser Stelle angebracht. Erinnern soll sie an die wechselvolle Geschichte des Hauses, dessen Historie bis in das Mittelalter zurückreicht. In den Analen der Stadt ist dieses Gebäude nämlich mit zweifelhaftem Ruf erwähnt. Es soll als Bordell gedient haben. Die Damen des horizontalen Gewerbes, damals auch gerne „Hübschlerinnen" genannt, streckten aus den Fenstern ihre schönsten Körperteile den vorbeigehenden Männern entgegen und priesen ihre Dienste an. Manchmal wurden sie jedoch in abfälliger Weise auch „Fensterhennen" genannt.

Obwohl dieses Gewerbe an dieser Stelle schon lange nicht mehr ausgeübt wird, hat uns der Hausherr eine Erinnerung an die historische Funktion dieses Hauses geliefert.

Die Konstanzer Bürger haben mittlerweile der bezaubernden Frauenfigur auch einen schönen Namen gegeben. In Nachtwächterkreisen wird sie gerne „s'nackte Ärschle" oder „s'Konschdanzer Ärschle" genannt.

An Fasnet kommt dem Ärschle jedoch eine ganz besondere Rolle zu. Besonders am „Schmutzigen Donnerstag", dem Haupttag der Konstanzer Straßenfasnet, kann man in der St.-Johann-Gasse die Narren beobachten, wie sie mit Hilfe einer improvisierten Räuberleiter an besagtem Hauseingang emporsteigen und dem nackten Ärschle einen Kuss geben. Der Legende nach soll diese Tat dem Küsser Glück für das ganze Jahr bereiten.

Andere wiederum küssen das Ärschle bei jeder passenden Gelegenheit auch unter dem Jahr, meist in trunkenem Zustand, beim Wechsel zwischen den Lokalen. Ob das wohl genauso viel Glück bringt? Probieren Sie's aus!

Erleuchtete Stadt in dunkler Zeit

(Mündliche Überlieferung, erzählt von Egon Schwär)

Es ist schon bemerkenswert, dass die meisten Städte Deutschlands in der Endphase des Zweiten Weltkrieges ganz oder teilweise zerstört wurden. Konstanz ist dieses dramatische Schicksal erspart geblieben, was zu Spekulationen über das Verschonen der Stadt führte.

Immer wieder wird unter Einheimischen erzählt, dass in Konstanz die Lichter bei Fliegeralarm nicht ausgemacht wurden. Dadurch sollten die Piloten Konstanz für eine Siedlung in der neutralen Schweiz bzw. für einen Teil des benachbarten schweizer Ortes Kreuzlingen halten, um von einem Bombenabwurf abzusehen.

Tatsächlich müssen zwei Phasen im Zweiten Weltkrieg unterschieden werden: Nach Entfesselung des Krieges wurde auch in der Schweiz generell verdunkelt. Die Verdunklungspflicht wurde für die Schweiz vom 7. November 1940 bis 12. September 1944 angeordnet.

Das änderte sich allerdings mit zunehmender Kriegsdauer, nicht zuletzt wegen versehentlicher Angriffe auf schweizerische Städte durch die Alliierten. Mit dem ersten Angriff auf Friedrichshafen vom 21. Juni 1943 wurde auch der Bodenseeraum vom Luftkrieg erfasst. Die Gefahr weiterer Bombardements der Schweiz stieg entsprechend, was dazu führte, in der Schweiz nicht mehr zu verdunkeln. Am 12. September 1944 wurde die Pflicht durch den Bundesrat wieder aufgehoben.

Daraufhin entschloss man sich auch auf deutscher Seite, zumindest die linksrheinisch gelegene Altstadt von Konstanz nicht mehr zu verdunkeln, damit aus der Luft der Grenzverlauf nicht zu leicht erkannt werden konnte. Die rechtsrheinischen Stadtteile wurden hingegen auch weiterhin verdunkelt. Die Konstanzer Altstadt wurde so zur einzigen Stadt in Deutschland, die in der letzten Kriegsphase nachts beleuchtet war.

Davon ist allerdings die Frage zu trennen, warum die Stadt nicht Ziel eines alliierten Luftangriffs wurde. Das hing nicht mit einer Verdunkelung (oder deren Fehlen) zusammen. Hätte der Krieg noch einige Wochen oder Monate länger gedauert, wäre Konstanz möglicherweise bombardiert worden, da die Stadt auf der Liste der möglichen strategischen Angriffsziele sowohl der Royal Airforce als auch des Amerikanischen Bomber Commands stand. Jedoch befand sich Konstanz aufgrund seiner Grenznähe auf diesen Listen weit unten. Das Kriegsende kam glücklicherweise einer Bombardierung zuvor. So kann man mit gutem Gewissen behaupten, dass Konstanz sich unter dem „Schweizer Schutzschirm" befand.

Heute erfreuen sich die Bürger und die vielen Besucher über den Erhalt der ursprünglichen Bebauung. Sie bietet ein Portfolio alter Baustile und insbesondere in der Niederburg eine fast geschlossene mittelalterliche Besiedlung. Dies macht den besonderen Reiz der Stadt aus und bietet neben dem Bodensee eine prächtige und doch idyllische Stadtsilhouette, die bis heute Jung und Alt begeistert.

Das Hakenkreuz an der Chérisy-Kaserne

(Mündliche Überlieferung, erzählt von Egon Schwär)

Die Chérisy-Kaserne in Konstanz wurde 1936 vom Reichsarbeitsdienst für die Reichswehr erbaut, benannt nach einem kleinen französischen Ort in Nordfrankreich. Im Ersten Weltkrieg errang das 114. Badische Regiment, das in Konstanz stationiert war, in dessen Nähe einen Etappensieg. Ironie der Geschichte ist, dass sie am Ende des "1000-jährigen Reiches" von der französischen Garnison übernommen wurde. Der Name war französisch genug, dass er beibehalten werden konnte.

Nach Abzug der französischen 13. mechanisierten Brigade, die zuletzt hier stationiert war, stand die Konstanzer Chérisy-Kaserne ab 1979 leer. Die freiwerdende Fläche in zentraler Lage bot eine städtebauliche Chance für die Bodenseemetropole. Es entstand ein einzigartiges Quartier mit außergewöhnlich großem Kulturangebot, seniorengerechtem und studentischem Wohnen und kleinem Gewerbe in verkehrsberuhigtem Bereich.

Bei der Einfahrt in das Gelände durch das ehemalige Kasernentor, von dem nur noch die mächtigen Pfosten als Mauerabschluss übrig geblieben sind, fällt rechts eine überdimensionale Betonfigur auf. Sie stellt einen behelmten Soldaten dar, der stolz seine Fahne in der

Hand hält. Der Anblick verrät gleich, dass die Statue aus einer vergangenen Zeit stammen muss. Haben sie die Franzosen errichtet und beim Abzug stehen lassen? Oder wachte der Soldat bereits in nationalsozialistischer Zeit über die Eintretenden? Durch bloßes Betrachten ist das Rätsel nicht zu lösen.

Es geht jedoch die Sage um, dass bis heute diesen Soldat ein kleines Hakenkreuz ziert. Kaum zu glauben, dass dieses Symbol eines menschenverachtenden und mordenden Regimes ausgerechnet an einer französischen Kaserne die Jahrzehnte der Entnazifizierung überstehen konnte.

Doch wer es genau wissen möchte, sollte sich eine große standfeste Leiter besorgen, um gut gesichert sich selbst davon zu überzeugen. Bis Ende der 1980er Jahre war dies eine beliebte Mutprobe bei den Unterprimanern des Alexander-von-Humboldt-Gymnasiums.

Der Hakenkreuzwald auf dem Bodanrück

(Laeticia Milani)

In der dunkelsten Zeit deutscher Geschichte, den 12 Jahren der NS-Terrorherrschaft, bemühte sich das Regime, eine Identifikation des Volkes mit der Regierung und der nationalsozialistischen Ideologie auf jede nur erdenkliche Art herzustellen und zu vertiefen. Um dieses Ziel zu erreichen, „schmückte" man ganz Deutschland an allen nur erdenklichen Stellen mit den Symbolen der braunen Bewegung. Besonders beliebt war hierbei neben dem Konterfei Hitlers das Hakenkreuz, eigentlich eine leichte Abwandlung eines uralten indischen Zeichens, das Glück bringen soll – welch eine grausame Ironie der Geschichte. So wurden Hakenkreuze an zehntausenden Häuserfassaden, Statuen, Eisenbahnzügen, Flugzeugen, Schiffen und vielem mehr angebracht. Dabei waren die zuständigen Behörden nicht selten sehr erfinderisch. Der Gauleiter Badens, Robert Wagner, soll selbst schon gleich zu Beginn der NS-Herrschaft die Idee gehabt haben, an den Grenzen des Reiches ganz besondere Hakenkreuze aufzustellen, um die Unverletzbarkeit des deutschen Territoriums geradezu mystisch heraufzubeschwören. Die Hakenkreuze – so kann man es mit einer modernen Metapher ausdrücken – sollten als eine Art quasireligiöses Symbol den Feind bannen wie das Christenkreuz einen Vampir.

Wagner hatte zwei Reichsaußengrenzen in seinem Gau zur Verfügung: Die Oberrheingrenze zu Frankreich und die Hochrheingrenze zur Schweiz. Da das benachbarte französische Gebiet Elsass-Lothringen aber von den meisten Deutschen – und allen voran von den Nazis – als deutsches Siedlungsland angesehen wurde, eignete sich diese Grenze für seine Vision nicht, immerhin plante man sie ja bald zu verschieben. Da blieb nur das schweiznahe Gebiet. Doch was genau hatte er vorgehabt? Wollte er riesige Hakenkreuze aus Stein aufstellen, oder auf überdimensionalen Fahnen aufgedruckt an allen Grenzübergängen Tag und Nacht durch eingebaute Luftdüsen wehen lassen? Oder auf dem Bodensee künstliche schwimmende Inseln in entsprechender Form treiben lassen? Nein, die Idee Wagners klingt fast noch verrückter. Er wollte in grenznahen Wäldern Teile des Baumbestandes abholzen und durch Monokulturen in Hakenkreuzform wieder aufforsten lassen. Nachwachsende Hakenkreuze aus Holz, welch ein aberwitziger Gedanke. Dabei konnte man dieses „besondere" Waldstück nur aus der Vogelperspektive erkennen, vom Boden aus war dies nicht möglich.

Die Forstexperten, mit denen Wagner über diesen Plan redete, gaben die Gefahren, die mit Monokulturen zusammenhingen, zu bedenken. Bei Schädlingsbefall könnte das gesamte Waldstück zerstört werden. Außerdem formulierten überzeugte Nazis den Einwand, dass ein Hakenkreuz, das kaum einer sehen kann, eigentlich unnütz sei. Die Wirkung entfalte diese Symbolik ja erst, wenn viele sie möglichst oft betrachten können. Wagner hatte sich aber in diese Idee so sehr verliebt, dass er nicht davon lassen wollte. So wurde ein Gebiet auf dem Bodanrück zu diesem Zweck ausgesucht. Es soll ein Waldabschnitt zwischen Hegne und Dettingen gewesen sein, so genau weiß das heute kaum jemand mehr.

Kurz vor Kriegsbeginn, im Sommer 1939, begann man dort mit Abholzung und Aufforstung in Hakenkreuzform. Welche Baumarten verwendet wurden bzw. wie groß das gesamte Areal war, ist nicht überliefert. Fest steht nur, dass man es vom Boden aus nicht sehen konnte. Nur wer mit dem Flugzeug in einer bestimmten Höhe direkt darüber flog und genau hinsah, konnte eine in ihrer Anordnung dem Hakenkreuz ähnelnde Gruppe von Bäumen einer Art erkennen. Als der Zweite Weltkrieg begann, kümmerte man sich um solche Projekte nicht mehr und konzentrierte sich auf kriegswirtschaftliche Erfordernisse. Der „Hakenkreuzwald" geriet schnell in Vergessenheit. Nach dem Krieg wollte sich sowieso niemand mehr an so etwas erinnern.

Erst im Rahmen des Waldsterbens zu Beginn der 80er Jahre fiel einem Forstmeister auf, dass in besagtem Waldstück eine Sorte von Bäumen besonders vom Sterben betroffen war. Als man Luftaufnahmen machte, um das ganze Ausmaß des Waldsterbens in dem Gebiet zu überblicken, erkannte man die Hakenkreuzform, da diese Bäume fast alle schon kahl und abgestorben waren. Die Behörden waren nicht daran interessiert, dass die Öffentlichkeit davon erfuhr – die Sache war einfach politisch zu heikel. Weder wollte man massenhafte Besuche von Neonazis, noch sollte das Image des Bodanrücks als Ferienregion befleckt werden. So wurde das Waldstück in aller Eile aufgeforstet. Im Laufe der Jahre zog die Geschichte dann doch ihre Kreise, so dass man, wenn man nur tief genug danach gräbt, auf die Wahrheit stößt.

Ein halbes Dutzend Oberbürgermeister

(Mündliche Überlieferung, erzählt von Egon Schwär)

Am 26. Mai 1933 wurde Albert Herrmann zum Oberbürgermeister der Stadt am See benannt. Unter ihm und dem Bürgermeister Leopold Mager wurden die gemeinsamen alemannischen Wurzeln der Menschen des Bodenseeraums betont. Sie sprachen sich gegen eine Abschottung zur Eidgenossenschaft hin aus. Dennoch wurde unter ihrer Administration im Winter 1939/40 der erste Grenzzaun auf Initiative der Schweiz und der deutschen Wehrmacht zwischen Kreuzlingen und Konstanz errichtet. In den Akten heißt es: „hoch, robust und dauerhaft". Wie beim „1000-jährigen Reich", hatte man sich auch in der Lebensdauer dieser Trennanlage verschätzt: Im Herbst 2006 wurde der Grenzzaun wieder abgebaut.

Seit Kriegsbeginn verrichtete Albert Herrmann jedoch seinen Kriegsdienst bei der Luftwaffe, weshalb der Bürgermeister Leopold Mager sämtliche Amtsgeschäfte für ihn erledigte. Besonders brisant wurde die Angelegenheit, als sich die stark bewaffnete 1. (und einzige) Französische Armee der Bodenseestadt näherte. Mager wusste aus der Stadtgeschichte, dass Konstanz noch nie im Krieg zerstört wurde. Die Bürger übergaben immer rechtzeitig die Stadtschlüssel um unnötige Zerstörung und Leid der Bevölkerung zu vermeiden. Daher soll er der Legende nach mit einem weißen Volkswagen Käfer, „bewaffnet" mit einer weißen Fahne, allein den Franzosen entgegen gefahren sein. Er handelte eine kampflose Übergabe der Stadt aus. Am 26. April 1945 wurde Konstanz kampflos übergeben. Sofort wurden die bisherigen Stadtväter entmachtet.

In den nachfolgenden Monaten gab es nicht weniger als fünf Nachfolger im dem Amt des Oberbürgermeisters. Am 12. Mai wird Studienrat Josef Benz zum Oberbürgermeister bestellt. Der frühere Stadtrat Vinzenz Kerle wird am 17. Mai von der französischen Militärregierung als Oberbürgermeister eingesetzt. Hans Schneider wird am 18. Juni von der französischen Militärregierung zum vorläufigen Oberbürgermeister der Stadt Konstanz bestellt. Am 1. Januar 1946 wird der frühere Bürgermeisters Fritz Arnold, der seither in französischer Kriegsgefangenschaft war, zum Oberbürgermeister durch das Ministerium des Innern ernannt.

Letztlich wird Rechtsrat Franz Knapp am 22. September 1946 zum Oberbürgermeister gewählt, der sein Amt bis 1957 ausübte. Mit ihm beruhigte sich die politische Situation. In Anlehnung an den ersten und letzten Stadtvater dieser wechselvollen Zeit, werden die Nachkriegsjahre in Konstanz heute gerne verkürzt als „mager und knapp" bezeichnet.

Die Bürger der Stadt arrangierten sich mit den Besatzern und umgekehrt. Es folgten die Jahre des wirtschaftlichen Aufschwungs und der politischen Stabilisierung. Ab Ende der 1970er Jahre folgte jedoch der allmähliche Abzug der französischen Truppen, so dass heute nur noch die Städtefreundschaft zu Fontainebleau und einige Straßennamen an diese Zeit erinnern.

Wandermärchen

(Egon Schwär)

Moderne Mythen oder Großstadtlegenden sind die neuen Wandermärchen. Waren es früher die berühmten Jäger mit ihrem Latein oder die Ammen, die Märchen erzählten, kann man heute immer noch leichtgläubigen Menschen mit skurrilen Anekdoten auf den Leim gehen. Sie treten meist mündlich, aber auch per E-Mail (Kettenbrief) oder sogar gedruckt als sogenannte Zeitungsente auf.

Während die klassische Sage bekannte Orte, historische Hintergründe und bekannte Persönlichkeiten ins Spiel bringt, werden hier die Betroffenen meist nicht namentlich genannt. Üblicherweise stammt die Erzählung von einem Freund, der sie direkt von einem sehr glaubwürdigen Bekannten gehört hat.

Die Geschichten tauchen über Jahrzehnte in allen Ländern immer wieder auf. Lassen Sie sich durch die folgenden Mythen, die angeblich in Konstanz passiert sind, nicht in die Irre leiten.

Nachbars Kaninchen

(Mündliche Überlieferung, erzählt von Egon Schwär)

Im Jahr 2010 staunte ein Konstanzer Dackelbesitzer enorm, als sein geliebter Hund schwanzwedelnd mit einem verdreckten Kaninchen im Maul vor ihm stand. Das Herrchen entriss das Opfer sofort seinem Peiniger. Doch alle Wiederbelebungsmaßnahmen blieben erfolglos, das Kaninchen war tot. Das typische Fellmuster identifizierte das Tier rasch als das des Nachbarn. Ein Blick in dessen Garten zeigte, dass die Stalltüre offen stand.

Jagdszene, Henri Vincent-Anglade 1876-1956

Da es in letzter Zeit schon öfters Kritik an den Streifzügen des Dackels gab, wollte der Hundebesitzer die Tat ungeschehen machen. Er wusch das Kaninchen, föhnte es trocken, bis es wieder fast so aussah, wie man es kannte. Bevor der Nachbar von der Arbeit zurück kam, wurde das Tier an seinen bekannten Platz in den Käfig gelegt.

Tags darauf kam unser Hundebesitzer nicht umhin, den Nachbarn anzusprechen, als er ihn mit dem Spaten in der Hand neben einem kleinen Erdhaufen stehen sah. Dieser wusste eine ganz besondere Geschichte zu erzählen: „Stellen Sie sich vor, vorgestern begrub ich unser Kaninchen im Garten und gestern saß es, als wäre nichts passiert, wieder im Stall."

Offensichtlich hatte der Hund das bereits tote Kaninchen aus seinem Grab gebuddelt.

Der Elefant auf dem Autodach

(Rolf Wilhelm Brednich)

Ein Angehöriger der Universität Konstanz hat folgendes berichtet: In der Schweiz fährt im Jahre 1969 ein Bundesbürger mit einem Volkswagen Käfer hinter einer Zirkusparade her. Den Schluss der Parade bildet ein langsam schreitender Elefant. Unbeabsichtigt berührt der Autofahrer mit seiner Stoßstange den Elefanten. Dieser ist abgerichtet, sich nach einem Stoß an die Ferse zu setzen, und lässt sich daraufhin auf dem Vorderteil des VW nieder, was für das Fahrzeug nicht ohne Folgen bleibt. Bei der Wiedereinreise in die Bundesrepublik antwortet der Fahrer auf die Frage, woher die Delle an seinem VW stamme, ein Elefant habe sich daraufgesetzt. Der Mann bekam einige Schwierigkeiten mit den Behörden.

Zirkusparade, historische Ansichtskarte um 1925

Diese amüsante Geschichte machte in den fünfziger und sechziger Jahren durch viele europäische und amerikanische Länder die Runde, wobei lediglich die Marke der jeweils vorherrschenden Kleinwagen (Fiat, Austin, Mini, etc.) ausgetauscht wurde.

Bei einer Variante reagiert der Elefant auf eine bestimmte Melodie, die eine Kapelle spielt oder aus einem Autoradio zu hören ist. Da er sich üblicher Weise auf ein rotes Podest zu setzen hat, sucht er nach einem ähnlichen Gegenstand und entdeckt dabei den roten Kleinwagen.

Die Abfahrt im Treppenhaus

(Mündliche Überlieferung, erzählt von Egon Schwär)

Eine ältere Frau auf der Insel Reichenau hat zu ihrem Geburtstag eine neue Skiausrüstung geschenkt bekommen. Am nächsten Tag hat sie die Skier im Obergeschoss ihres Hauses anprobiert. Dabei hat sie jedoch so unglücklich das Gleichgewicht verloren, dass sie mit den Skiern die Treppenstufen in das Erdgeschoss fuhr. Sie verletzte sich, konnte aber noch selbst aus den Skiern steigen und alles im Haus wieder ordentlich versorgen.

In der Nacht plagten sie jedoch so intensive Schmerzen, dass sie ihren Hausarzt anrief. Dieser schickte den Krankenwagen vorbei. Nachdem man im Krankenhaus die Verletzungen versorgt hatte, überwies man sie in die Psychologische Landesklinik auf dem Lindenbühl, da sie beim Beschreiben des Unfallhergangs auf ihrer Geschichte mit dem Skifahren im Treppenhaus bestand. Erst nach Tagen konnte die Situation durch die Angehörigen, die in dieser Zeit verreist waren, wieder aufgeklärt werden und die Frau durfte nach Hause.

In einschlägigen Büchern finden sich zahlreiche Varianten dieser Sage. Meist wurde die Frau von betrunkenen Jugendlichen, die sich mit der Skifahrt im Treppenhaus einen Spaß erlaubten, überfahren. Für die alte Frau macht dies jedoch keinen Unterschied, für sie endet die Geschichte immer in der Irrenanstalt.

Der Elektrozaun
(Mündliche Überlieferung, erzählt von Egon Schwär)

Zwei Dackel, Stich 1891

Anfang der 1990er Jahre besaß einer der Konstanzer Bürgermeister ein hübsches Haus in guter Lage. Umrandet war das Anwesen von einem Rasen, den er regelmäßig englisch pflegte. Getrübt war die Freude jedoch durch eine Vielzahl von Hunden, die in seinem Vorgarten des öfteren ihr Geschäft verrichteten. Das Ansprechen der Hundebesitzer blieb ebenso erfolglos wie das Aufstellen von Hinweistafeln. Da überlegte sich unser Bürgermeister eine ganz besondere List. Er spannte einen Stahldraht knöchelhoch an der Grundstücksgrenze entlang und setzte diesen unter Strom. Tatsächlich ließ die Frequentierung durch Tiere deutlich nach. Nun klingelte es jedoch regelmäßig an der Türe. Davor standen wütende Hundebesitzer und Tierschützer. Ob die Proteste wohl Erfolg hatten?

Es gibt noch viel mehr Sagen und Legenden!

Es war ein spannendes Vorhaben, all die Geschichten für dieses Buch zusammenzustellen und ein Glücksfall, dass die Sagensammler vergangener Tage so Vieles für die Stadt Konstanz und seine Umgebung zusammengetragen haben. Kaum jemand befasst sich jedoch mit der Sammlung weiterer und insbesondere moderner Sagen und Legenden.

Liebe Leser, bitte schreiben Sie auf, wenn Ihnen noch etwas einfallen sollte und melden Sie sich bei uns. Danke!

Ulrich Büttner und Egon Schwär
Ulrich.Buettner@googlemail.com   Egon@SchwaerimNetz.de

Quellen- und Literaturverzeichnis

- Brednich, Rolf Wilhelm, *Die Maus im Jumbo-Jet, Neue sagenhafte Geschichten von heute*, München, 1991
- Delphinkreis, *Von Stadtteilen, Baulichkeiten und Originalen aus Konstanz und der Schweizer Nachbarschaft*, Konstanz, 1986
- Duda, Wendelin, *Die Sagen der Stadt Konstanz und der Inseln Reichenau und Mainau*, Freiburger Echo Verlag, 2005
- Duda, Wendelin + Schwär, Egon, *Die Sagen zwischen Kandel und Feldberg*, Freiburger Echo Verlag, 2008
- Edelmann, Claudia, *Der fliegende Delphin - Geschichten & Anekdoten aus dem alten Konstanz*, Wartberg, 2008
- Fischer, Hanns, *Die schönsten Schwankerzählungen des deutschen Mittelalters*, München, 1967
- Fromm, Norbert + Kuthe, Michael + Rügert, Walter, *"... entflammt vom Feuer der Nächstenliebe", 775 Jahre Spitalstiftung Konstanz*, Konstanz, 2000
- Gloger, Helmut, *Festschrift und Orts-Chronik anläßlich der 1250-Jahr-Feier Dettingen-Wallhausen*, Dettingen-Wallhausen, 1982
- Grabher, Hannes, *Brauchtum, Sagen und Chronik*, Lustenau, 1956
- Hoffmann-Krayer, E. + Bächtold-Stäubli, H., *Handwörterbuch des deutschen Aberglaubens*, Berlin und Leipzig, 1932
- Jost, Dominik, *Bodensee Reisebuch*, Frankfurt, 1993
- Kapff, Rudolf, *Schwäbische Sagen*, Jena, 1926
- Kulturamt Konstanz, *Der Kaiserbrunnen auf der Marktstätte*, Konstanz, 1994
- Lienert, Meinrad, *Schweizer Sagen und Heldengeschichten*, Stuttgart, 1915

- Meier, Ernst, *Deutsche Sagen, Sitten und Gebräuche aus Schwaben*, Stuttgart, 1852
- Milani, Laeticia, *Schriften des Vereins für Forstwirtschaft am Bodensee*, St. Gallen, 1986
- Nette, Herbert, *Friedrich II. von Hohenstaufen: Mit Selbstzeugnissen und Bilddokumenten*, Reinbek, 1975
- Petzold, Leander, *Historische Sagen*, Gütersloh, 1994
- Reich, Lucian, *Die Insel Mainau und der badische Bodensee*, Karlsruhe, 1856
- Rothfuss, Ulli, *Schäffer, Räuberfänger. Der erste moderne Kriminalist Württembergs*, Tübingen, 1977
- Schnell und Steiner, *Die Loretto-Kapelle*, München und Zürich, 1992
- Schnezler, August, *Badisches Sagenbuch*, Karlsruhe, 1846
- Schwär, Egon, *Sagen in Oberried und seinen Ortsteilen Hofsgrund, St. Wilhelm, Zastler und Weilersbach*, Freiburger Echo Verlag, 2008
- Streng, Richard, *Der Konstanzer Hans*, in *Mein Heimatland*, Heft 5/6, Freiburg, 1936
- Uhland, Ludwig, *Schriften zur Geschichte der Dichtung und Sage, Band 7*, Stuttgart, 1868
- Waibel, Josef + Flamm Hermann, *Badisches Sagenbuch, Band II*, Freiburg, 1898
- August Schnezler, *Sagen Freiburgs und des Breisgaus*, Freiburg, 1899

Gassenrundgang mit dem Nachtwächter

Es erwarten Sie **spannende Episoden** *aus dem Alltag des Gassenwächters.*
Tauchen Sie ein in längst vergangene Zeiten und lassen Sie sich entführen in die **turbulente, nächtliche Konstanzer Vergangenheit.**

Information und Buchung bei
Christine Furtwängler und Ihrem Team
christine.furtwaengler@konstanz-tourismus.de
Tel. +49(0)7531 / 13 30 26.

Termin: April-Oktober donnerstags **20 Uhr***,*
oder täglich - auf Anfrage
Treffpunkt: Münsterplatz, Hauptportal
Dauer: 1 ½ Stunden

Bücher wider den tierischen Ernst
Bitte ausführliche Prospekte anfordern.

Pro Band **9,80 €** ISBN 978-3-86028-
Wendelin Duda: **Froh und heiter kommt man weiter** (1. Teil) 874-4
Wendelin Duda: **Froh und heiter geht's jetzt weiter** (2. Teil) 877-1
Gregor Bomm: **Reizende Sticheleien** 861-0
Gregor Bomm: **Der Heiligenschein der Scheinheiligen** 862-7
Otto Wilhelm: **Ottonische Opusse** 855-9
Otto Wilhelm: **Ottonisches Lach-Yoga** 870-2

Die Sagen Badens

Diese Buchreihe umfaßt 47 Bände mit insgesamt 2.878 Sagen u. 1155 historische Abbildung auf 5.243 Seiten für alle Regionen Badens.

Band Nr.   pro Band **9,80 €**   ISBN 978-3-86028-

Die Sagen vom Hochrhein und vom Wiesental:
1 Die Sagen des Klettgaus und des östl. Albgaus   201-4
2 Die Sagen des Hotzenwaldes und der vier Waldstädte   202-1
3 Die Sagen des unteren Wiesentales und des Dinkelberges   203-8
4 Die Sagen des oberen und Kleinen Wiesentales   204-5

Die Sagen des südlichen Breisgaus:
5 Die Sagen des Markgräflerlandes von Istein bis Müllheim   205-2
6 Die Sagen des südlichen Breisgaus v. Sulzbach zur Möhlin 206-9
7 Die Sagen der Stadt Breisach mit Stadtgeschichte   207-6
8 Die Sagen des Kaiserstuhls und der Burgen am Rhein   208-3

Die Sagen Freiburgs und des nördlichen Breisgaus:
9 Die Sagen des nördlichen Breisgaus   209-0
10 Die Sagen des Elztals   210-6
11 Die Sagen der Stadt Freiburg und rund um den Schönberg   211-3
12 Geschichten aus Freiburgs Geschichte   212-0

Die Sagen des Hochschwarzwaldes und der Baar:
13 Die Sagen zwischen Feldberg und Kandel   213-7
14 Die Sagen des Dreisamtals   214-4
15 Die Sagen des Hochschwarzwaldes   215-1
16 Die Sagen der Baar und der Stadt Villingen   216-8

Die Sagen vom badischen Bodensee:
17 Die Sagen des Hegaus   217-5
18 Die Sagen der Stadt Konstanz   218-2

19	Die Sagen vom Überlinger See	219-9
20	Die Sagen des Linzgaus vom Bodensee bis an die Donau	220-5

Die Sagen der südlichen Ortenau:

21	Gutacher Sagen und Geschichten	221-2
22	Die Sagen des Kinzigtals	222-9
23	Die Sagen um Lahr und Ettenheim	223-6
24	Die Sagen von Offenburg, Gengenbach und Durbach	224-3

Die Sagen der nördlichen Ortenau:

25	Sagen und Geschichten aus Kehl und dem Hanauerland	225-0
26	Die Sagen des Renchtals	226-7
27	Die Sagen des Achertals	227-4
28	Die Sagen vom Mummelsee	228-1

Die Sagen des Ufgaus:

29	Die Sagen des Bühlertals	229-8
30	Die Sagen der Stadt Baden-Baden	230-4
31	Die Sagen des Murgtals	231-1
32	Die Sagen von Rastatt, Kuppenheim und Alt-Eberstein	232-8

Die Sagen zwischen Hardtwald und Enz:

33	Die Sagen der Stadt Ettlingen und des Albgaus	233-5
34	Die Sagen der Stadt Karlsruhe	234-2
35	Die Sagen von Karlsruhe-Durlach und des unt. Pfinzgaus	235-9
36	Die Sagen der Stadt Pforzheim	236-6

Die Sagen des Kraichgaus:

37	Die Sagen der Städte Bruchsal und Bretten	237-3
38	Sagen vom Elsenzgau	238-0

Die Sagen des Lobdengaus:

39	Sagen und Geschichten der Stadt Mannheim	239-7
40	Sagen und Geschichten der Stadt Weinheim	240-3
41	Sagen und Geschichten der Stadt Heidelberg	241-0
42	Die Sagen des Heidelberger Schlosses	242-7

Die Sagen zwischen Neckar und Main:

43	Die Sagen des Neckartals	243-4
44	Sagen des Odenwaldes und westlichen Baulandes	244-1
45	Sagen vom Taubergrund und östlichen Bauland	245-8
46	Die Sagen vom Main- und Taubergrund	246-5

Ergänzungsbände:

47	Neue Sagen der Stadt Konstanz und Umgebung	247-2
	Egon Schwär: **Sagen in Oberried** mit seinen Ortsteilen Hofsgrund, St. Wilhelm, Zastler und Weilersbach	199-4

Die Sagen vom Rhein

Die neue Sagenbuchreihe. Bisher sind erschienen:

Band Nr.　　　　　　pro Band **9,80 €**　　ISBN 978-3-86028-

1	Die Sagen der Stadt Worms	251-9
2	Sagen des Wonnegaus von Worms bis Oppenheim	252-6
3	Die Sagen der Stadt Mainz	253-3
4	Die Sagen des Mainzer Doms	254-0
5	Die Sagen der Stadt Ingelheim u. d. Ingelheimer Grundes	255-7
6	Die Sagen der Städte Bingen und Alzey...	256-4
7	Sagen und Geschichten aus Bad Kreuznach	257-1
8	Sagen des Nahegaus	258-8
9	Die Sagen des Rheingaus von Eltville bis Lorch	259-5
10	Die Sagen des oberen Mittelrheins... bis vor Koblenz	260-1
11	Die Sagen des unteren Mittelrheins... bis Bonn	261-8
12	Sagen und Geschichten der Stadt Koblenz	262-5
13	Die Sagen der unteren Mosel von Kobern bis Cochem	263-2
14	Die Sagen der Mosel von Bullay... bis Bernkastel-Kues	264-9
15	Die Sagen der mittleren Mosel von Lieser bis vor Trier	265-6
16	Sagen und Geschichten der Stadt Trier	266-3
17	Die Sagen der Westeifel von Bitburg bis Prüm	267-0
18	Die Sagen der Wittlicher Senke und der Gr. Manderscheid	268-7
19	Die Sagen der Osteifel vom Maifeld bis zur oberen Ahr	269-4
20	Die Sagen des Ahrgaus	270-0
21	Die Sagen des Siebengebirges	271-7
22	Die Sagen des Windecker Ländchens	272-4
23	Die Sagen der Stadt Hennef mit St. Augustin... bis Much	273-1
24	Die Sagen der Stadt Siegburg mit Lohmar, Troisdorf...	274-8
25	Die Sagen der Stadt Bonn	275-5
26	Die Sagen Bad Godesbergs und des Bonner Landes	276-2

Alle Bücher erhältlich im Buchhandel oder beim

Freiburger Echo Verlag

Wendelin Duda, Dorfplatz 11, 79252 Stegen (bei Freiburg),
Tel. 07661 / 989 044, Fax ...045
Email: freiburger-echo-verlag@gmx.de